いのちき

まつばら まなぶ
Matsubara Manabu

松原農園だより

石風社

装画　表紙カバー・扉　まつばら　あやこ

まえがき

一九九七年（平成九年）四月に福岡市で、「環境共育を考える会」という市民グループを立ち上げた。「共育」とは私の造語だ。市民がお互いに学び合う教育とは、教える側も教えられる側も共に育つという意味でこの字を使った。今では、この文字を良く見かける。

会費・会則なしという破天荒な会だったが、私が福岡を去るまで活動は続いた。

毎月第三木曜日の夕方、旧・福岡市青年センター（現・あすみん）などの施設を利用し、環境を中心として、福祉、教育、経済など、様々な社会問題に対しての学習会を開き、秋と春には、「森を元気にしよう!!」を合言葉とした、森林ボランティアのイベントを行ってきた。

そんな中、森林ボランティアのイベントを手伝いたいと女性がやってきた。それが妻だった。

二〇〇五年十月に結婚式を挙げた。当時、私は四十三歳、妻は二十九歳。

翌年の十一月に長男・広明が生まれた。その子供の顔を見て、「この子に何をしてあげられるのだろうか」と考え、夫婦でこれからのことを話し始めた。

冬は里山保全の活動に連れだし、春からは棚田をお借りして、無農薬の米作りをしていた。子供たちは、田や山で生き生きと遊んだ。

そんな子供たちの成長を見つめながら、「農的生活」ではなく、日々の生活の中で、生きる力、生き抜く力を身に着けた方が良いのではと思う様になってきた。

そして、二〇一二年（平成二十四年）四月に二十八年間勤めていた九州大学を退職して、家族を連れて郷里・宮崎県延岡市北浦町で新規就農した。

リアス式海岸で海と山の間に農地が広がるこの地で、私たち家族が生きて行く、生計を立てるため、自然養鶏を経営の中心として選択した。

自然養鶏とは、開放的な鶏舎でニワトリを少数、平飼いで、自家配合の発酵飼料と緑餌で飼い、そのたまごを直接消費者に販売するといった家族経営型の小規模養鶏で、農地面積が少なく、資本もない私には、最適な選択だったと思う。

では、なぜ、安定した職を捨ててまで、郷里に帰ったのと問われると答えに窮してしまう。はっきりと「これだ」という理由が見つからない。

しいて言えば「なにか大きな力によって、呼び戻された」という言葉が一番、ぴったりなのかもしれない。

きっかけは、父の「米作りをやめる」の一言だった。

国家公務員として国立大学に勤め、大学に入学したこともない私が大学という教育・研究現場で、「人を育てる」大学のすばらしさに感嘆し、天職と思って生き生きと働いていたが、いつの間にか国立大学が独立法人となり、「成果」とか「実績」とか新しい言葉がささやかれ始め、これまで学生さんと向き合い、若者の成長を身近に感じられる職場環境が、どんどん世知辛い職場環境へと変化していくのに耐えられなかったのだろうか。

　我が子を見ていると、もっと身近にいて、生きて行くすべを日々の生活の中から、その蓄積として学び取ってほしいと思った。

　実学、生きるための勉強を子供たちと一緒にしたいと思った。

　年老いた両親のそばで、子供たちにも祖父母の姿を見ながら成長してほしいと思った。

　さまざまな理由があるが、今となっては、理由など無意味なのかもしれない。


　集落の一番奥地にあった田んぼに父がクヌギを植え、二十年が経っていた。そのクヌギを利用して、その下でニワトリを養い、その上のジャングル状態の宅地を購入して、深井戸を掘り、水を手に入れた。そうして、冬に自山の杉を自分で切り倒し、山で自然乾燥させ、地元木挽《こびき》棟梁にお願いして、玉切り、搬出、これを地元製材所に柱と梁にしてもらい、棟梁に三十坪の平屋の家を建ててもらった。屋内の電気・電話配線、上下水道の配管、薪ストーブの設置などは、休みを利用して福岡から度々帰り、自分で作業し、ようやく完成した。

　新規就農して、一、二年で経営を軌道に乗せてみせると思っていたが、世の中、そんなに甘くない。一年目は、少しの退職金の蓄えを当てにしていたが、二年目からはその蓄えもなくなり、どうして生きて行くかといった生活基盤の確立が最優先となった。

福岡から田舎に帰ったのを機に、子供たちと一緒に海や山で遊びたかったが、日々の生活に追われ、それどころではなく、土日は子供たちまで動員しての農作業の日々が続いている。

二〇一二年から六年を経て、ようやく、「これで生活が続けられるかなー」といった感覚になったが、それまでの生活が苦しかったこと。

しかし、その苦しい生活の中でも、大きな力の作用とでも言うべきか、様々な方のめぐり合わせのおかげで、私たち家族は今日まで、何とか生活できて来たことに素直に感謝したい。

ほんのちょっとのタイミングのずれでもあれば、私たち家族の今の生活はなかったと思うことがしばしばあり、過去を振り返れば、まさに「偶然であり、必然だった」ということの繰り返しだった。

妻にもずいぶんと負担をかけてしまったが、愚痴や過去のこと等いっさい口にせず、本当に私を助けてくれた。

子供たちも本当に、良く生活を助けてくれている。五右衛門風呂の風呂焚《た》きも、ヤギの世話も、毎日の日課として、取り組んでくれている。感謝の気持ちでいっぱいだ。

二〇一三年三月から、当園のたまごをお買い上げ頂くお客様方に私たちの信条、生活、農園の様子などを知って頂こうと、毎月、Ａ４用紙の裏表を使用した、「松原農園通信」を発行してきた。

その通信のタイトルは「いのちき」である。

家族写真
（2016年4月　中倉壮志朗氏撮影）

「いのちき」とは、大分県や私たちの住む宮崎県北部・北浦町で使われている方言で、「暮らし向き」とか、「生計」といった意味の言葉だ。

用例としては、

「いのちきすっとは、やえこっちゃねえ（暮らしていくことは大変だ）」

とか、

「どけでんこげでん、いのちきせんなね（どうにかして、生きて行かなければ……）」

などがある。

新規就農して、この地で生きること、生き続けることを多くの皆さんに発信したいとの思いを込めて、この言葉を表題にした。

いのちき　—松原農園だより—◉目次

いのちの輝き　二〇一三年

豊かさ　二〇一四年

働く子供の里づくり　二〇一五年

子育ては親育て　二〇一六年

自然との語らいの中で生きる　二〇一七年

国・社会を変えるには　二〇一八年

いのちき

―松原農園だより―

いのちの輝き　二〇一三年

地域と共存する農業

先日、全国友の会が主催する「全国農村愛土生活研究会」という集まりが神戸であり、妻が参加した。

友の会とは、羽仁もと子さんが創刊して明治の時代から現在まで百年以上もの歴史を誇る婦人雑誌「婦人之友」の読者の会である。

その会は全国各地にあり、家事、育児、家計などの婦人の生活向上の普及活動を行っている。

私も結婚するまでその会の存在を知らず、妻のお母さんから教えて頂いた。羽仁もと子の著作集を読むと一つ一つがごもっともで、私が如何にいい加減に生活してきたか、家庭や育児に対する思いなど非常に合理的な考えが理解でき、子育て世代の男性たちにも是非、お勧めしたい。

さて、その会が主催する「全国農村愛土生活研究会」である。もう、名前を聞いただけでも、クラクラしそうな感があるが、「愛土」なのだ。そして「生活」なのだ。

今、「愛土」という言葉は死語になっているのではないだろうか。

地域を愛し、風土を愛し、地域の中で生かされ生きる。

まさに私たち家族が求めていたものが、その研究会にある、そんな思いがした。

妻がその研究会で何を発表したのかは知らない。

しかし、研究会から帰ってきた妻からはＣＳＡという言葉を教えてもらった。

ＣＳＡ（Community Supported Agriculture）「地域が支える農業」とでも訳すればよいのだろうか。

生産者と消費者が共に暮らす地域として、共存共栄の結びつきを目指すことだと思う。

今現在、地球の裏から送られてくる農産物が、近所の畑でとれた農産物よりも安く売られている。

消費者は、そのことに何の疑問もなく、自分の財布のことしか関心がなくなって、より安いもの、より便利なものと全世界から買い求めているのではないだろうか。

その結果、日本の食糧自給率は低下し、農地は荒廃の一途をたどっている。

持続可能な、安全・安心な食糧と水とエネルギーの確保は、国がどうであろうとも、時代がどうであろうとも、必要不可欠なものではないのだろうか。

グローバル経済という仮面の下には、国家を股にかけたグローバル企業の牙があり、そこには何の安心も、何の保証もないという事実に多くの人が気づき始めた。

松原農園は、まさに地域に支えられた農園であり、ここから、地域の元気を発信して行きたいと思っている。

息子のつくえ

今年の春から、わが息子が小学生になる。祖父から早々にランドセルを買ってもらい、うれしそうにその真新しいランドセルを背負って見せる。

私としても、何とか、彼に学習机を作らなければと奮起し、ようやく机ができた。

無垢の木で机と本棚が一体となった素人の私が作る味もそっけもない机である。

持ち山の杉を伐採し、製材し、一年倉庫で寝かせた板で側板と棚を作り、天板がイチョウの板という、ちょっと贅沢な世界で一つしかない、手作り机である。

天板のイチョウは、地元の大工さんが近所のイチョウを安く譲り受け、地元の製材所で板に引いてもらったものを、我が家で幅四十センチ、長さ九十センチの板に加工した。板の厚みは三センチのずっしりしたものだ。

机を前にご満悦の長男

本来は、乾燥のため、製材後一年以上寝かせておかなければならないらしいが、今回は無理を承知で息子の机に投入した。
寸法に切って、かんなをかけた板を息子自らがサンダーをかけて磨いた。
家族全員で作った家具がまた一つ出来上がった。
「おとうさん、次はベッドだよ」との催促の言葉に、わんぱく盛りの息子たちがどんなに暴れても壊れないベッドとはどのようなものかと構想を練る一方で、まだまだ一緒の布団で寝たいと思う父親としての微かな希望とが交錯している。

写真のように、ご満悦な息子だが、まぁ、これから、いろんなことに勇気と元気を持って挑戦してほしいと思う。

地域の皆さんに生かされて

四月で、松原農園も一年となる。振り返ってみれば、さまざまなことがあった。

耕作放棄地のただなかでの新規就農は、野生動物の楽園の中で農業を始めることを意味するとは、やってみるまで気が付かなかった。頭では理解していたつもりだったが、それは薄っぺらな理解でしかなかった。

畑に小麦を撒くと、翌日には町中のカラスが集まったかのように畑一面真っ黒となった。ジャガイモは二回もサルに引き抜かれ食べ散らかされた。

妻は無策な私に激怒し、鳥獣対策をしっかり立てない限り今後農作業をしないと宣言。

私は無言でサルに食べ散らかされたジャガイモを半日かけて植えなおした。

サルの大量捕獲に加え夏になるとイノシシや鹿の害もなくなり、機嫌よく妻も畑に出て、夏野菜ができるようになった。それでも、販売価格一袋百円の野菜が日に一つ二つ程度では話にならない。

そんな時でも、地域の皆さんから「魚がとれたよ」「野菜があるよ」と食材を頂くことが本当にありがたかった。

自給自足などできない。ほんとうに地域の皆さんに養ってもらっているそんな状況だ。

ニワトリのヒナを導入して半年、ようやく、鶏がたまごを産み始めたのは、十二月になってからだ。たまごの販売はさておき、お世話になった方々にお礼の万分の一もないが、たまごを配って回った。

気が付くと、冬となり、緑の草もなくなりヤギや鶏のエサの確保ができなくなってきた。

するとまた、地域の方々が、「キャベツのくずだ、ヤギに食わせろ」「白菜のくずだ」と野菜くずを下さる。

今年の正月元旦も朝から一人、畑を回って、道端に置いている野菜くずを頂いて回った。

野菜くずを頂き、売れ残りのたまごをご賞味いただく、そんなささやかな交換が地域で広まっていった。夜間、畑のまわりを徘徊し、野菜くずをあさる野生動物を減らす効果もあるのではないかと思う。

人は一人では生きられない。

当たり前のことであるが親子四人、ほんとうに両親をはじめ義兄、姉、友人や親せき、その他多くの皆さんに生かされて生きてきた一年だった。

高齢化が進む地域ではあるが、身体に鞭打って、子供や孫たちのためにこんなにたくさんの方が野菜づくりをされていることを思い知らされる、そんな「野菜くずの頂戴」作業だった。

安全、安心の農産物（食糧生産）の確保は、こんな地道な一人一人の努力からしか、解決されないことをますます確信した。

ＴＰＰへの参加は、まさに営々と受け継がれ築き上げた豊かな国を売り渡すことに他ならない。

子育て

四十歳を過ぎて結婚した私は、当然のことながら今年五十歳にして、ようやく長男が小学生になる。息子たちが大人になり、跡を継ぐまで、何とか、自分自身の健康を維持しなければと思っている。さて、子供が生まれて思ったのは、「私と同じように育ってほしい」ということだ。私はというと、祖父と祖母に可愛がられて育った。地域のおばちゃん、おじちゃん、お姉ちゃん、お兄ちゃんにもずいぶんと可愛がられた。

隣近所のお宅の風呂はたいてい入った経験がある。（もちろん、自家にも風呂はあるが……）

また、「ひょうすぼ」とか「カッパ」「神隠し」など、見えないものもそばにあった。

大学の研究室で学生さんと仕事をしていると「教育とはなんだろうか」と考えることが多くなる。予測不可能な未来を生きる子供たちに必要な能力とはなんだろうかと、いろいろと考えた。

結果、自分が育った環境が、一番よいのではと思えるようになった。

貧しかったが、豊かな環境だった。人々は実によく働いた。子供も大人も。

今、六歳と四歳の息子たちは、よくお手伝いをしてくれる。保育所から帰ると、裏山での薪運びやスギの枯葉集め、土日は農作業を楽しくやってくれる。クワを振るう姿はほれぼれするほどだ。

三歳の誕生日には、それぞれに枝打ち用ののこぎりを買い与えた。山の手入れを手伝うためだ。

そうして、日々の生活の中での経験の蓄積が、やがて世界や社会を見る目となってゆくと思われる。

ゲームやスポーツをするのもよいだろう、しかし、親としては、一秒でも早く自立すること、自立するための生きるすべを身に付けること。すべとは、日々の生活の中の経験の蓄積でしか、身に付かないのではないかと思われる。

数学、物理、科学、歴史、地理、哲学、文学などの英知は日々の生活の中で活かされる時にのみ輝き、その実学こそが本当の人類の叡智ではないかと思う。

そうして、地域の人々に私と同じように暖かく育てて頂ければ、鮭が生まれた川に帰るように、また、子供たちも生まれ育った地域に帰ってくるのではないだろうかと思う。そうやって、地域社会は営々と時を重ねていくのではないだろうか。

どんな困難にも勇気と元気を持って立ち向かう人になるため、貧しくともこつこつと生きる親の姿を見せることしか、未来を生きる子供たちにしてやれることはないのではと思う。

テレビ取材

今年の正月に地元で小中学校の同級生の集まりがあった。みんな五十歳を迎えさまざまだった。その時、同級生の皆さんに我が農園のパンフレットとたまごをお配りした。

しばらくして、同級生のお姉さんから地元テレビ局による取材の話が舞い込んできた。四月九日十日と二日間、我が家にアナウンサーとカメラマンとその助手の三名が来園し泊まり込みの取材となった。

放送は、その週の土曜日の夕方であるとのこと。ところが、放送当日、ちょっとしたトラブルがあり、我が家の家族は半分しか観ることができなかった。両親も見ていなかったとのこと。

翌日、さまざまな方から、「テレビ観たよ」「よかったよー」という反響を頂いた。

後日テレビ局に連絡を入れ、放送されたＤＶＤをお送り頂き家族で観た。

「何とできすぎの番組なんだろう」とその出来栄えに感服した。生みたてのたまごからたちのぼる湯気もカメラに映っている。たまごが照明に照らされ光っているのだ。

妻と、「これはできすぎ⁉」と苦笑い。

うれしかったのは、こちらがお願いしたメッセージ「各地にある小規模な自然養鶏農家を応援して欲しい」も最後にきちんと入れて頂いたことである。

取材を通じて、アナウンサーが感心していたのは、わが息子どものお手伝いぶりだった。日ごろから薪運びなどし慣れているので、特に私が指示しなくてもどんどん山から薪を運ぶ姿を見て、目を丸くした。でも、子供の可能性は無限大なのだ。させれば何だってできるのだ。その貴重な体験をする機会を奪い取っているのはむしろ大人の勝手な都合なのだと思う。

取材時間は、延べ十時間くらいになっただろうか。放送は十三分。

とてもよくまとまった番組だったが、マスコミの必然性とでもいうか、番組がすべてではないことをどれだけの方が理解してテレビを観ているのだろう。

毎日、産卵箱からたまごを頂く、色や形や大きさ、どれ一つ同じもののないたまご。

そして、産み落としたたまごをしばらく温めようとするニワトリ。

そんなニワトリからたまごを正に頂きながら、生活し、ニワトリたちと共存していく私という存在。

その意味からして、確かに私の目から見て、たまごは輝いている。

しかし、その輝きは目には見えない、いのちの輝き、感謝の輝きなのだ。

そして、当農園のたまごを買って頂く方への感謝、野菜くずなどを分けて頂く地元の方への感謝、いろんな方や大自然に感謝しながら、たまごを一つずつ箱に詰めていく。

TV映像だけではなく、実際に当園のまたごを味わった方々とこれからも繋がって行ければと思う。

子供は好奇心でいっぱい

テレビ取材最終日に子やぎが生まれた。三月末にひよこが来て次に子やぎと、我が農園はこの春、一気ににぎやかさが増した。

ひよこにしても、子やぎにしても、共通しているのはもって生まれた本能なのだろうか、あらゆるものに好奇心が旺盛なのに感心する。

母親の胎内から産まれ外界に出る。たまごの殻を破って外界に出る。すると外界のあらゆるものがなんなのか確かめ理解するように本能によって仕込まれているかのように好奇心を示す。

人間の子供たちもおんなじではないかと思う。

生まれ出たこの世界がどのような世界なのか。自身の目と口と鼻と耳とあらゆる感覚を駆使して理解しようとする。子供や子やぎやひよこの目には、どんなふうにこの世界が見えているのだろう。その理解のために備わった力が「好奇心」であったり、「感性」であったりするのだろう。好奇心や感性を伸ばすためには、親の安全確保というか、暖かく見守ってくれる「安心感」がとても重要だと思われる。子供も子やぎもひよこも自らの力で、ぐんぐんと成長して行く。私としては、のびのびと食べて遊んで寝られる、そんな環境を作ることに力を注ぐことしかないのではないかと思う。

自家のお茶

我が家の裏に小さな茶畑がある。昨年から管理を引き継ぎ、親父からその手入れの悪さを呆れられながらも草を取り、剪定《せんてい》をして、肥料を撒き育てた？　そのお茶がきれいな新芽をだした。

ＧＷに姉の指導の下、茶摘み機を操り、家族で摘んだ。

摘みあがったお茶の重さを測ると十九キログラム。

これを地元の製茶工場に運んで製茶して頂いた。そして約四キログラムのお茶が出来上がった。両親や姉などにお福わけすると自給がぎりぎりの数量となる。

でも、これでお茶の自給体制は整ったのではと思う。

自ビールに、自シイタケに、自お茶。次なる自給品はなんになるのだろうか。

環境は作られる

今年のGWは、地域テレビ局の放送もあって、来園者が絶えなかった。子やぎも生まれ、ひよこもいるということで、さながら動物園と化している。

来園される方、される方、口々に「ここは良いところですね」と言われ、私たちもその言葉をお聞きして、うれしくなる。

その喜びも、上の二枚の写真の風景をこの目で見ていたからだ。二枚とも、ほぼ同じ位置から撮った写真である。

上は、まだ、切り開く前の宅地入口だ。約二十年間放置され、ジャングル状態。

ジャングルの状態から父をはじめ、いろんな方から整備して頂き、解放

切り拓く前の住宅入口付近

整備後（同じ地点から）

感あふれる宅地に変わっていった。

私は福岡市郊外で永年、棚田保全の活動を行ってきた。八年間放置されて、草や灌木が生い茂る棚田を一枚、一枚と切り開き元の棚田に戻していく、そんな活動を通じて、棚田、里山は人の手によって作り出される環境なのだと身に染みた。

そんな取組を郷里・宮崎でも続けて行きたいと集落の一番外れに家を建てた。

ここから、この集落を元気にしたい。

私が子供のころに見た風景。

棚田が広がり、人々が田畑で生き生きと働き、水も空気も滞りなく流れていく。

そんな、真に豊かで、地域の方々も安心して暮らしていける地域社会を夢見ている。

ムカデにかまれた

昨年の就農から、怪我が相次いだ。まずはチェーンソーで、手を（軽く）切り、足が毎日履く長靴に負けて化膿し、その後、ゴム手袋をはめたところ、手袋の中にムカデが入っていて、指先をかまれた。すごく痛くて、地元の病院に行ったが、ムカデが噛んだ後をメスで切開して血を吸い出して、痛みどめを処方された。

梅雨を前にした先日、田圃で草取りをしていると、左足にチクリ、何かトゲでも刺さったかと田んぼの傍らで田植え靴を脱いでみると、小さなムカデ。幸い、靴下の上からだったので、前回よりも痛みはないものの、作業を早めに切り上げ帰宅した。

そして、今回はインターネットを使って、ムカデに関する情報を探した。

その一つの情報をもとに、四十三度のお湯シャワーで患部を温めながら、さらに石鹸で洗い流した。するとびっくり。痛みが不思議と和らいだ。昨年ムカデにかまれた時は一日、二日と痛みが残った。

しかし、今回はお湯と石鹸だけで、痛みが無くなった。これは、目からうろこの対処法だった。

皆さんも、万が一、ムカデにかまれた場合には、四十三度のお湯シャワーと石鹸で患部を洗い流すことをお勧めする。

ムカデは、ハチのように毒針で毒を注入するのではなく、唾液にたんぱく質を分解する酵素が含まれている。その毒を塗りながら歩くといった感じになる。毒が皮膚から侵入するのでお湯と石鹸で洗えば、毒はなくなるようだ。

石拾い

子供のころ、両親から畑での仕事として命じられたのが石拾いだった。

ひたすら、石を拾うのだ。毎日毎日、来る日も来る日も、父が耕運機で耕すと石がロータリー爪(回転鍬)に当たるとカチンと音がする。その度に父が私を見るのだ。子供ながらに「まだ石があるぞ」と怒られた思いがして、必死になって石を拾った。

そうして、何年かするといつの間にか、イモ畑は水田となっていた。

父は「この田は、まなぶが作ったのだ」と言ってくれた。

今、新たな畑に入植して、石を拾っている。

『子孫のために美田を買わず』ということわざがあるが、子孫に財産を残しては、子孫が自立心を失い努力を怠るのでよくないとの教えだ。

石を拾いながら、子供たちにも石を拾わせることで、田畑との結びつきを肌で感じてほしいと思う。

しかしながら、「おやつ」に「テレビ」と誘惑の多い社会で、こつこつと畑の石を拾い続けることができる仕掛けが必要だと思う。

「松原農園石拾い大会」でも開催しようかと思ったり、石百個で飴玉一つと交換という手もあるかなーとか、何とか、楽しい石拾いはできないかと思ったりしている。

しかし一方で、退屈な石拾いでも黙々とやり続ければ美田になるという実感を、彼らなりに体験してほしいと思う。

山林での薪集めに畑の石拾い、はたから見たら、つらい仕事を「つらい」と感じないように工夫して、一つ一つの経験が生活の一部となって、社会全体を見る目に繋がっていくのだと思う。

やはり、子育ては本当に毎日が真剣勝負の積み重ねだと思う。

田舎暮らしで真の豊かさ実感

昨年の四月から、郷里でユーターン就農をして、一年が過ぎた。生まれたばかりのひよこを買って来て育て、今では、日に百個ほどのたまごを毎日毎日生んでくれて、我が家の家計を支える柱となっている。一日五千円ほどの売り上げでは経費を差し引くとまだまだ生活はできないが、新しいひよこも順調に育っているので、将来に少し希望が見いだせるようになってきている。

世間では、「ワーキング・プア（働く貧困層）」とか、「ブラック企業（社員酷使企業）」とか、本当に人とお金の関係がおかしくなってきている。深夜勤務を強いられる女性を見ていると、この国の将来が危ぶまれる。家族の重要な位置を占める女性は、以前は法律によって保護されていた。それは社会の基本をなす家庭の重要性を社会が理解していたからだ。ところが「男女雇用機会均等法」が制定・改訂され、現在のように女性を守れない社会となってしまった。女性を守れないとは、家庭を守れないことを意味している。「家庭よりも仕事」という風潮が、国の基礎となる家庭を軽視し、社会を破壊することを意味していることに気が付いていないのだ。もちろん、家庭に女性を縛り付けるという気はさらさらない。

さて、就農して一年が過ぎ、振り返ってみると田舎は「お金」ではなく、「物」と「思い」が大量に、しかも多様に行きかう、真に豊かな地域社会であることを実感している。

別の言い方をすれば、毎日が「わらしべ長者」的な生き方なのである。

にわとりやヤギに野菜くずを頂く、お礼代わりに余ったたまごやとれた少しばかりの野菜をお福分けすると、またまた、魚やいろんなものを頂いたり、お世話になったりと本当に地域の皆さんのおかげで暮らしていけることを実感するのだ。

「お金だけでは幸せになれない」ということを、頭では一応理解していたつもりだが、ここにきて実感を伴って、私の内で揺らぎのない真実となっている。

自然の中で田畑を耕し、地域の方のお世話になりながら生きて行くと、当然のことながら「実直」に生きることしかないことに気が付く。父や母の実直な生き方は、まさに田舎暮らしが育んだものだということがわかる。

その意味からすると、子育てを田舎で行うことは、地域の実直な生き方をする方々の間で子供たちは育《はぐく》まれて育つことを意味し、これ以上の教育環境はないのではないかと思う。

実直に生きる人々を子供たちも見てほしい、そして、実直に生きることが真の豊かさをもたらすことを実感してほしいと思う。

たまごの話

当農園の通信「いのちき」を読んでいる方から、「養鶏の話が出てこないね」と言われました。

確かに、当農園で私たち家族の生活を支える中心となっているのは、百五十羽のニワトリたちが毎日、毎日欠かさずに産んでくれるたまごです。

昨年、六月末に生まれたばかりのヒナを受け取り、大切に育てたニワトリは、昨年の年末からたまごを産み始めました。今年三月末に導入したヒナも徐々に大きくなり、秋にはたまごを産み始めることでしょう。

今年の春休みには、地元の小学生たちが農園に遊びに来ていました。

私は彼ら、彼女らにひそかに「未来の助っ人、松原農園エサやり隊」と命名していました。

その子供たちが、産卵箱に入りたまごを産むニワトリを見ていましたので質問してみました。

「問題1、ニワトリはたまごを産むときに、立って産むでしょうか、座って産むでしょうか？」

ほぼ、全員が「座って産む」と答えました。産卵箱に入っているニワトリは皆、座っていますから、そう思ったのでしょう。

それで、「じゃあ、これから答えを自分の目で確かめて下さい」と言って観察させました。

「ポットン」というたまごが産み落とされる音とともに、

「あっ、立って産んだ!!」という元気な声。自分で答えを見つけると楽しいものです。

「では、問題2、たまごはとがった方と丸い方がありますが、どちらが先にでて来るのでしょうか？」

この質問にも、不思議と「とがった方から」との答えが多く出ました。

「それでは、また、答えを自分の目で確かめて下さい」と言って観察を続けました。

十分間くらい粘ったでしょうか。一人の女の子が、「わかった！」とおおはしゃぎしていました。

「丸い方から産む!!」という彼女の答えに、「私も数回しか見ていないけど、丸い方から産み落としていました、どちらが逆子かわかりませんが……」と答えました。インターネットなどでは、とがった方からと出ていますし、とがった方が丈夫で丸い方は気室があるのでと最もらしいことを書いていますが、自然の巣の中は柔らかでたまごの強度など関係ないのではないでしょうか。自分の目と頭で物事をじっくり見て、考えたいものです。

先日は、なんと、産んだまんまのたまごが丸い方を下にして、産卵箱のじゅうたんの上で立っていました。ちょっとした感動でした。

さて、当農園のたまごは、一日百個程度。どれ一つ同じものはなく、一つ一つが色、形、大きさが違っています。一日、何万個と生産する大型養鶏と比べるとその差は歴然です。しかし、目に見えない、安全・安心が詰まった「いのちのたまご」は、私にはまぶしいくらいに輝いて見えます。

お米がみのる

穂が出揃い色づき始めた稲

今年は、地元の水田をお借りして、自給用の米作りを行った。

早期水稲は、四月の初めにはもう、田植えが始まる。地域の改田はポンプで地下水をくみ上げ、水田を潤すようになっている。急遽、苗を仕立て、田んぼの代掻《しろか》きもそこそこに、皆さんより二週間遅れで田植えを行った。

田植えはしたものの、苗が十分、育っておらず、五月六月と毎日のように、苗の補植と草取りに追われた。

ウルチ米が二枚で一反の田んぼ、もち米が一枚で五畝の田んぼ、くろ米が一枚で一畝の田んぼと合計四枚の田んぼでの米作りだった。

田植え当初は、地元の方からも、「草ぼうぼうでどうにもならん」「代掻きをちゃんとしないから水がたまらんのだ」とご注意を受け、母からは「除草剤を撒かんと人から笑われる」としかられながらも、何とか無農薬での栽培を続けた。

小さなくろ米の田んぼは、米ぬか除草が功を奏して、一本苗にも拘わらず、見事な出来栄えとなった。普通作のものをいきなり早期水稲の環境下で育てたのだが、素晴らしい環境適応を見せてくれた。もち米の方は、代掻きの失敗で田圃に水がたまらず、草に負けていたが、ところどころで小さく稲穂が揺れている。ウルチ米は、今年一年間、家族四名が食べていけるだけの収量があるのだろうか。刈取りを前に金色に染まっていく田んぼに見とれている。

今年の経験を踏まえて、来年も無農薬の米作りにチャレンジして行きたいと思う。

夏休み

今年の夏は、異常でしたね。暑いのは夏だから良しとしても、七月から八月の雨の少ないこと。夕立も何日かしかなくて、そのせいでしょうか、蚊をほとんど見ませんでした。

こんな年は、秋になって大雨がと思っていると、土砂降りの雨が……。

さて、夏休みが終わりました。

当農園も春から予約されていた「お泊り」の友人、知人が来られて、それぞれ夏休みを当農園で満喫して帰って行かれました。

また、いつでも当農園を第二のふるさととして、遊びに来られることをお待ちしています。

と言いつつ、我が息子たちに夏休みの思い出作りを親としてしたかと言われると、今年はちょっと大変で、全く、かまってやる余裕がなかったと反省です。

唯一、できたのは子供たちを映画（ジブリアニメ『風立ちぬ』）に連れて行っただけでした。

というのも、妻・絢子が七月の後半から体調がすぐれずに、寝たり起きたり、大の病院嫌いも手伝って、どうにもならず、ようやく病院に行くと「妊娠」が確認されました。

妊娠のつわりだとわかると、さらにグロッキー状態となり、家事、育児、ニワトリにヤギの世話、おまけに夏の炎天下での稲刈りまで、一人でしなければ……。

映画「蒲田行進曲」の銀ちゃんの姿を自分にダブらせて、「うちの妻が、これなもんで……」と頑張るしかないなーと開き直っていました。

そんなわけで、今年の夏休みは、只々、働き続けた感じです。

でも、終わってみれば、畑は草ぼうぼうで、ニワトリは産卵率が低下してしまうし、やっぱり、私一人では何にもできていないことに気づかされました。

そんな状況の中、泊りに来た友人知人にもいろいろと手伝ってもらい、姉や父母が手を貸してくれ、妻の両親も福岡から応援に駆け付けて頂き、本当に助かりました。

九月になり、つわりが治まり仕事復帰すると、今度は私の方がほっとしたのか、疲れがどっと出てきている感じです。ですが、そんなこと言っている暇はありません。

三月末に導入したひよこが成長して、一個、二個とたまごを産みはじめたのです。

待ちに待った、たまごです。希望の、私たちの暮らしを支えるたまごです。

そして、妻のお腹には赤ちゃんが……、来年の春には当農園はさらに賑やかになります。

上杉鷹山《ようざん》に学ぶ

江戸時代、上杉鷹山は、高鍋藩藩主の次男として生まれ、十歳で上杉家に養子に行き、若くして山形県、米沢藩の藩主となる。

鷹山の話は、子供のころ、父が酒を飲むと話していたことでなんとなく覚えていた。

ただ、正確なことは、わかっていなかった。

今年になって、上杉鷹山のことがなぜか気になり、童門冬二の小説を読み、物足りなくて内村鑑三の「代表的な日本人」に行きついた。

そして、ようやく、父がなぜ、上杉鷹山を絶賛していたかがわかったような気がした。

実に、素晴らしい人物だと思う。

借金まみれの今日の日本を救うのは、上杉鷹山のような考えと行動ができる人ではないかと思う。

今年八月九日に財務省は、六月末時点での日本の借金を一千八兆円に達したと発表した。

一人当たり、いくらなのか、兆から億を割ると、約一千万円となる。

こんな借金は、いつの間に、だれがしたのか。そして、だれが返すのか。

未来にゴミと借金しか残さない私たちを、未来の子供たちはどんな目で見るのだろうか。

二百年前、米沢藩の藩主となった上杉鷹山は、膨大な藩の借金を前に、藩の立て直しを行っていく。

その藩主としての神に誓った誓約文が今も残っている。

「もし、この誓いを怠るようなことがあれば、神罰として、家運を永代にわたり消失しても仕方がない」と誓っているのだ。

この誓約には感服する。私一人ではなく、私に続く子々孫々まで天罰を受けることを覚悟で、私は誓うという態度なのだ。

先に借金と言ったが、借金だけではなくて、行き詰った日本社会を救う一筋の道が、上杉鷹山の後ろ姿に見える気がしてならない。

搾取ばかりの世の中で、地道に働き、田畑を守り、父母子供を養い、飢饉に備える。そんな社会の基盤を大切にして、社会全体を実りある、豊かな社会に導いていく。

家庭をきっちりと治め、家族が一致協力して家庭のために精を出す。そのことによって初めて地域社会の一員として、地域に協力できる体制が整う。そのためには、「私」がどうあるべきかということを本当に考え、愚直に生きたのが上杉鷹山であろう。

孫娘に書いたという鷹山の手紙の文面からも、家庭での親子の絆、教えが読み取れる。

「われ思う、ゆえに、我あり」というデカルトの思想を超えて、私たち個々人の心の奥底にある時空を超えた混沌の宇宙「阿頼耶識《あらやしき》」の存在を認識すれば、個々人のありように納得がいき、それぞれがお互いのために生きる「仏の世界」に目覚めるのではないだろうか。

個々人を分離し、支配するという現在の餓鬼の世界から抜け出すためにも、上杉鷹山が何を考え、何を大事にしたのか。

それを今日、自ら学ぶことによって、現在社会を生きる私たちが見失ったものが見えてくるのではないかと思う。

働く子供

先日の日曜日、息子たちを連れて借りている畑で草刈りをしていると日傘をさした年配のご婦人が来られ、息子たちに小遣いをくれた。

お断りしたのだがどうしてもと言う。刈払い機を止めて、お話を伺うと「家からふと見ると小さな子供が、楽しそうに畑でお手伝いをしているのを見て感激した」「私も小学三年生の孫が東京にいるが、ゲームばかりで、農業とか漁業の大切さを伝えたい」とのことだった。

そういえば福岡で暮らしていた時も、土日で米作りをしていて、当時四歳の息子にバインダー（稲を刈取り束ねる農業機械）を運転させながら、棚田の稲刈りをしていると、地主のおばあちゃんが自宅からその姿を見て、駆け下りてきて、「なんて、えらい子供だ!!」と感心して、以来、息子のファンとなって、ことあるごとに、ナスやカボチャなどいろんな野菜を頂いた。

私のパソコンには、あと四日で三歳になる息子がクワで土を耕すビデオ映像が残っているが、今観ても、ほれぼれするくらいだ。

宮崎に移転してからも、息子たちの働きぶりを地元の方々が見て、いろんなお褒めの言葉やお菓子、アイスなどを頂き、息子たちもますますよく働いてくれるようだ。

トラクターの上で

もっとも、畑仕事は子供のことだから、十分間くらいしか持続しなくて、後は畑で遊んでいる状態だ。それでも、よいと思う。

働く場から逃げないことが大切だと思う。

働くことで、学ぶことは実にたくさんあると思う。

ロープの結び方、重いものを相手にしての力のかけ方、テコの原理、燃料や水を扱うときのサイフォンの原理、石を遠くに飛ばす時の力学、鎌で草を切るときのコツなど、学ぶことは無限にあり、その一つ一つが、生活に直接結びつくものである。

先日の休みには、いつも一緒に小学校に通う息子の友達が、なんと弁当持参で当農園に来た。開口一番「何かお手伝いはないですか？」の言葉に、絶賛の言葉と感謝の言葉をかけ、早速、鶏舎から出る鶏糞を畑に撒く作業や裏山でスギの枯葉集めなどを手伝ってもらった。実にありがたいことだった。

私の頭の中で以前から思い描いている「働くことが学びの場・実学実践教室」の様相がおぼろげながら今、息子とその仲間たちが私の目の前で実現していることに、我ながらびっくりしている。

子供たちと共に働き、共に学ぶ。そんな社会を作って行けたらと思っている。

気ままなニワトリ

三月末に導入したヒナが徐々に大きくなってきた。

そして、ようやく、一個二個とたまごを産みはじめた。

ところが困ったことに、たまごを産むまではと放任していた柵越えの習慣がなかなか、消えない……。ふと気が付くと、鶏舎の下の畑に巣を作っていて、巣の中には六個のたまごが……。

これには、唖然!!

一挙に六個の自家用たまごがゲットできたのはうれしい反面、たまごを待ち望むお客さんには、大変申し訳なく、この巣作りニワトリ・青ちゃん（青色の足環をつけている）に、たまごは産卵箱に産むようにきつく申し付けて鶏舎に戻した。

そうしているうちに冬の渡り鳥シーズンを前に「鶏インフルエンザ対策」と称して、県の家畜保健衛生所の方が、完全防具のいでたちで当園を視察に来られた。

宮崎県は口蹄疫騒ぎ以来、家畜に関する監視体制が厳しくなってきたようで、冬に渡り鳥が運んでくる鶏インフルエンザヴィルスの対策強化に神経を使っているようだ。

鶏舎の外で、ウロチョロするニワトリを見て、「ニワトリの放し飼いは論外です」とのお叱りを頂いた。緊急に対策を取らなければならない。

とにかく、ニワトリと人との接触を最小限にして、消毒を徹底すること。ニワトリを目の細かい金網などで外部から隔離することを言われた。

他の大規模養鶏施設では、真剣に取り組んでいるので、（当園のような）いい加減な管理で、もしものことがあったらどうしますか、早急に改善するようにと言われた。

「病気を治す薬はない」「病気は自己治癒力と免疫力だけが頼り」と言い続けている私にとって、家畜保健所の方々にどのような言葉が通じるのだろうか。思い浮かぶ言葉が無いのが現状だ。

もし、鶏インフルが発生したら、即座に三百羽のニワトリはすべて殺され、当園の畑に埋められてしまうと言う。埋める予定地も確認された。半径三キロメートル以内の養鶏場で鶏インフルが発生した場合もたまごの出荷が止められてしまうらしい。（半径三キロメートル以内に養鶏場はないのだが……）

鶏舎の柵を飛び越え、畑でくつろぐニワトリの本当に幸せそうな姿を見て、うれしくなる私だが、家畜保健所の方は、この気ままなニワトリとそれを許している私をどう見ているのだろうか。

大規模養鶏のように、社会と隔絶したところで、ひそかに飼うのがニワトリなのだろうか。

とにかく、風邪をひかない丈夫なニワトリになってくれと祈るしかない。

当園は、予防接種も抗生物質も使わない、薬に頼らない方針でニワトリを育てている。

そんなニワトリがいてもよいではないか。（そんなニワトリこそが必要では?）

今日も、餌の時間だけには鶏舎に入り、食べ終わると広い畑でくつろぐニワトリを横目で見ながら、世の矛盾にどうしたものかと頭を抱えている。

本当は、そんな（悠々自適な）ニワトリを応援したいのだが……。

ヤギのユキちゃんが子供を産んだ。二頭の雌ヤギだった。

ところが、一か月前に、知人から頂いた「ポポー」という南方系のフルーツの皮を食べさせたのが原因だろうか、下痢を起こしてしまい、体調不良が三週間続いた。大切な時期なのに体力を落とし、無事出産できるか不安だった。生まれた子ヤギは小さくて、一頭はなかなか、自分で立ち上がることができない状態で二日後には死んでしまった。残念だった。ユキちゃんは、子供が死んだことがわかるのだろうか、その日、一日、元気なく小屋で過ごしていた。

しかし、残り一頭は元気のない母ヤギを勇気づけるかのように、自ら乳を飲みはじめた。すくすくと育ち、「コハレ」と命名した。ゆっくん、ユキちゃん、コユキ、コハレと賑やかなヤギ家族となった。

来月には、コユキにも子供が生まれるかもしれない。

一日には、三回目となるひよこが当園に来た。

ヤギが四頭、ニワトリが二百八十羽、ひよこが百羽とますますにぎやかな農園となっている。

そんな中、年をとったニワトリを肉として食べることも始まっている。

雄鶏は、二キログラム以上あり食べごたえがある。肉は少し硬いが噛めば味のある肉だ。

鶏がらスープは絶品であり、雌鶏は鶏ガラも入れて一キログラム程度とかなり小ぶりとなっている。

販売したいと思っているのは、雌鶏だが、部位（モモ・ずりなど）に分けて真空パックした状態で、一羽二千円。

一羽あたりの解体加工に五百二十円の料金がかかり、加工場までの輸送、引き取りなどに結構、手間がかかっているので、この値段になってしまう。

地球の裏側から届く鶏肉の値段と比べて見ても仕方がないことであり、私たち家族が生まれたてのヒナから世話をして育てた大切な「いのち」なのだ。

子供の環境

今年四月に長男が小学校に入学した。

一クラス二十二名の少数クラスだ。私のころは九十名程度の同級生がいたが、四十年たつとこれほどまでに少なくなるのだろうか。父のころ、戦前には百八十名ほどの同級生がいたと言う。

わが母校は、私が小学六年の時、創立百周年を迎えたので、今年で百三十九年となる歴史ある学校である。学校の歴史は地域の歴史でもあると思う。

毎年、全校生徒で、広い校庭の石拾いをしたことを思い出す。

次男が通う、地元の保育所も私の祖父などが開設の奉仕作業に協力して、できたとのことである。

一方で、学校の統廃合が進んでいる。

今年も延岡市内の小中学校が、いくつか廃校になるという。

小中学校が無くなるということは、地域にとって大きな痛手というか、現在の地域力の衰退が形となって現れることだと思う。

若者が地域から離れ、都市に仕事を求めて移動する。より良い、快適な生活を求めて都市に移動する。そして、地域には老人だけが残り、衰退の一途をたどる。

社会の薄っぺらな表面しか見ない評論家はそのように結論する。

しかし、本当にそうなのだろうか。

現代社会ではスイッチ一つで風呂が沸き、冷暖房もスイッチ一つでたちまち快適空間である。しかし、そのエネルギーがどこから来て、どのように作られているかに思いが至らない。

五右衛門風呂は、子供たちが集めたスギの葉を焚《た》き付けとして、薪を燃やし三十分の時間をかけてようやく風呂が沸く。薪ストーブもしかり。便利快適とは程遠いが、その薪もスギの葉もすぐそこの山から頂ける安心感がある。同様に永い歴史を積み重ねている集落にも安心感がある。

子供が成長して行く中で、親や祖父母の生き方に肌で触れ、経験を積み上げていくことが、とても大事だと思う。

地域で暮らすと当然のことながら、高校・大学は近くになく、下宿か寮生活に頼らざるを得ない。私も中学卒業と同時に、親元を離れ下宿生活で掃除洗濯を自分で行なっていた。しかし、その経験から否応なしに、自立心が育まれるのではないかと思う。

「子供のためのよりよい環境を」と耳に良い言葉がある。小学校が近くにある、駅が近くにある。しかし、本当に子供に必要なものは、学校ではなくて、汗水たらして真剣に働く親の姿なのではないだろうか。そして、自立に向けたあらゆる助言、励ましこそが、親としてやるべきことなのかもしれない。

「田舎暮らしで子供に苦労させる」というが、昔から「若い時の苦労は買ってでもしろ」と言われて育ったものとして、また、自らの経験からも苦労はすべて財産になりうると信じている。

息子たちはどう判断するかわからないが、このような親の元に生まれたのも運命だ。

今年を振り返って

月日の流れるのが早くて、暦はもう、十二月。

今年も間もなく終わろうとしている。

振り返ってみれば（振り返る暇もないが……）今年元旦から集落の方が出してくださった大根の葉っぱや白菜の下葉などを集めてニワトリに与えていた。

「生き物を飼うと休みが無い」と人は言うが、まさにその通りだ。

一方で、毎日毎日欠かさず、私たちのためにたまごを産み続けてくれるニワトリがいるから私たち家族の生活も成り立っている。

今年一年のたまごの売り上げは、このまま順調に推移すれば二百万円に達する。これも多くの皆さんの買い支えの賜物であり、感謝の言葉もない。その一方で、エサ代、ガソリン代など必要経費は十一月末の時点で百六十万円を超えている。差引すると一か月三万円とか、その程度の収入にしかならない。しかし、このような状況でも何とか暮らしていけるのは、本当に皆さんのおかげである。

給料を頂いていたころには、考えられなかったくらい、人々に支えられていることを実感する。

この違いは、なんだろうか。

会社員時代、自分で働きその対価として給料をもらうのは当たり前と思っていた。公務員時代、頂く給料は皆さんの税金なのだから、大切に使い、少なくとも五パーセント以上は社会に還元しなければとなんとなく思っていた。収入は少なかったが、安定していた。

勤めていた時には病気やけがをしても、特に不安が無かった。

ところが、新規就農してみると、日々の生活を維持していくことだけで手一杯といった感じになってしまう。

そんな時、ふと、事故や病気があれば、この生活は一遍に吹っ飛んでしまうといった恐怖がよぎる。その恐怖心に打ち勝ち、日々の生活に感謝していく、暮らしに根差した強い心を持たないといけないと思う。

来年は、どんな年になるのか。春には第三子が誕生する。子ヤギは今月、長崎県松浦市の福島という島のおじいさんのところにもらわれていく。ヒナはすくすくと育ち、来年の春にはたまごを産んでくれるだろう。

毎日、毎日、こつこつと、仕事をこなしさまざまな方のお世話になりながら生きて行くこと、皆さんに生かされていることに感謝しながらの生活を続けたい。

豊かさ　二〇一四年

余剰産物の利用が「豊かさ」につながる

今年も大根や白菜、キャベツを地元の方が作っている。

「大根葉があるから、取りに来い」との連絡を受けて、畑に行く。ニワトリたちの大切な緑餌はこうして確保される。

「芋づるがあるから、取れ」と言われ、またまた、畑にもらいに行く。ヤギたちの冬場の大切な餌となっている。

「魚の骨、頭があるから取りに来い」と毎週、頂くものは自宅の庭先にある大きな釜でぐつぐつ煮て、コメや麦と混ぜて、発酵させニワトリの餌になる。貴重な動物性タンパク質は、ニワトリたちに何時も大人気だ。

こんなに皆さんにお世話になりながら、僅かでもお礼がしたくて、販売できない小さいサイズのたまごやその日売れ残ったたまごなどをお配りする。

田舎暮らしをしていると、お金ではなくて「物」が、ありがとうの「気持ち」と共に人々の間を絶えず行き交っているのを実感する。

その背景にあるのは、みんなが生産者であり、生産していると必ず「あまり」が発生する。我が家の米作りのように「足りない」ということは生産者としては論外なのである。

そこで、余ったものは「お福分け」にということで、地域に還元される。

そして、地域社会に「豊かさ」と「潤い」をもたらしていると思う。

「計画経済」とか「効率的生産」とか声高に叫び、生産が専業化し、余剰が社会から少なくなるにつれて、人々は豊かさの実感が少なくなっているのではないだろうか。

私もかつて、一時間一万円の工数を課せられ企業人として働いた経験がある。私が一時間一万円の利益をもたらすことによって、社長も事務員も営業マンも給料が出るのだと会社組織の利潤と社員の働きについて教えられた。自分が頂く時給以上の働きをして初めて給与が発生することを。

企業内での目的意識を明確にして、社員の相互間の役割と給料の配分を明確にして、一人一人が生き生きと社内で活動することを目指していた。

公務員となり、職場に赴くと「私は給料以上の仕事はしない」という言葉を聞き、耳を疑った。仕事とは、常に人から与えられるものではなく、自分で探して最善を尽くすことであり、自己実現の手立てである。給料の有無、地位の違いなどは、全く次元の異なる議論だと思う。

お金にばかり目を奪われると本当に「豊かさ」が見えなくなる、そんな気がする。


買った方が……

今年も地元の方から新たに田んぼを一枚お借りして自給用の米作りを計画している。

今年は、ウルチ米が十五アール、もち米が五アール、くろ米が一アールと合計、二十一アールとなる。無農薬、有機栽培で、どの程度の収量をあげられるかは、田植えから二か月間の田んぼの草取り作業の進捗状況で決まる。

昨年は、普通作とばかり思っていたところで早期作へ変更し、苗作りが遅れ、すべてが後手後手に回ってしまった。

八月に収穫したコメは、十二月には、すべて食べつくしてしまった。

今年は、何とか、自給したいものである。

米作りをしていると、「買った方が安い」との言葉を聞く。

確かに、米作りの手間、設備投資を考えると一キログラム五百円の米であっても買った方が安い計算になる。だが、米づくりはそれだけではない。過去から努力を積み重ねて開墾した田畑はとても大切な地域社会の偉大な遺産、財産なのだ。この農地が地域の人々の食糧を毎年生産してきたのだ。その田畑で作物を作り続けることこそ、未来へつなげる大切なことではないだろうか。

農業の集約化大規模化が、国を挙げて進んでいる。

効率的に生産することで農業生産コストを下げると言う。

本当だろうか。

効率やコストの外に食糧確保の安定性も重要ではないだろうか。飢餓は分配の問題であり、自立して食糧を地域で自給することは世界平和に繋がる。

モンサント社という企業の名前を聞いたことがあるだろうか。農薬のラウンドアップは有名だが、遺伝子組み換え食物の最大手の多国籍企業だ。その企業が世界各国で農民を苦しめている。インドでも中南米でも、個人農家がどんどんつぶされ、食料が企業に牛耳られる。そんな時代に突入しているのだ。

国として、とても大切な食糧の確保が多国籍企業に牛耳られ、TPPなどに代表される貿易条約が、国民を保護するはずの国家の法律よりも企業の戦略の方が優先されるという、とんでもない状況が現実になっている。

日本でも「ブラック企業」という、新入社員を酷使して、使い捨てるというとんでもない企業が存在し、「派遣社会」「ワーキングプア」といった言葉で象徴されるような社会になっている。

日本も世界も共通しているのは、企業が一円でも多くお金を吸い上げ、人々を酷使する社会になっていることである。

そのような状況の中で、お金に頼らない、少ないお金で豊かな生活を進める、そんな草の根の取り組みが始まっている。

イギリスでは、街中で食べられるものを植えて、一人一人が小さな生産行為を体験することで、人人の意識が変わり、地域社会が豊かな社会に変わる取り組みが進んでいる。

「買った方が安い」のではなく、自分で作り出すことを始めることや地域で作ることを支援することで、地域社会全体がより豊かな社会になって行く。

そんな楽しい取り組みをこつこつとやって行きたいと思う。

長男・広明（六歳）の薪割り姿

楽農は子供とともに

福岡から郷里・北浦町に移転したら、楽しい農林漁業をしたいと思っていた。

昨年は時間が無く、一人で田植えをしたが、これほどつまらないものはない。やはり農作業は家族みんなでやるのが一番だと思う。

秋の田んぼに、牛糞の山ができた。近くで肉牛を飼っている方にお願いして、無償で牛糞をトラックで田んぼに運び入れて頂いたのだ。冬、これを田んぼに広げる作業をする。子供たちと一緒に「牛糞爆弾」を投げ合いながら、遊びながら作業を行う。

牛糞投げが楽しくて、近所の子供たちも加わって、田んぼが一気ににぎやかになる。

散歩で通りかかる地元の方も子供たちが田んぼではしゃぐ姿を見て、微笑んでくれる。田の神様も微笑んでいるのではないだろうか。

こうやって、楽しい思いを一つずつ積み重ねながら、ゆっくりと大人になってくれればと思う。

薪ストーブの薪割も、小学一年生になった息子に教えると、見よう見まねで重い斧を器用に操って薪を割る。薪が割れると誇らしげに喜んでいる。

一本の斧を息子と交代しながら、薪を割り進む。そして、割れた薪は下の子がきちんと家の裏の薪置場に積んでいく。

そうして、つらい仕事も楽しみの一つに変えて、一つ一つ片付けられていく。

私も子供のころ、家族総出で山から切り出した雑木を、祖父が一本一本、のこぎりで切り、斧で割っていたのを覚えている。持続可能な暮らしとは、このようなものなのだろう。

兄弟そろってテレビを観る

テレビ

我が家では、今のところテレビは十八時〜十八時二十分までの二十分だけ、NHK教育のこども向けアニメしか観せないことにしている。そして、夜の時間に余裕があると、まんが日本昔話などのDVDを観せている。そのテレビを観ている姿を後ろから写真に撮ったのが、上の写真だ。

自分で言うのもなんだが、「素晴らしい！」の一言に尽きる。二人そろって、きちんと正座して食い入るように観ているのだ。

何でも、物が豊富にありすぎると、ヤギでも、ニワトリでも、自分の好きなものしか食べない。人間も同様で、あまり物がありすぎると物の中に埋もれてしまうのではないだろうか。

日々の生活の中で、質素倹約に勤め、貧しい中に「豊かさ」を自ら見出していく智慧を身に付けてほしい。永い時間をかけて語り継がれた昔話には、そのヒントがちりばめられている、そんな気がする。

テレビに代表されるマスメディアは、企業からの広告収入をもとに、経営が成り立っている。ドイツなどでは、企業や政府に頼らない第三者委員会的な独立したマスメディアがあると言う。そんなところからの番組を、今ではインターネットを介して、自宅にいながら拝聴できる時代となっている。

福島原発事故をどのように扱って、どのような問題点を取り上げているのか、その報道態度は一目瞭然だ。

知人から是非、読むようにと一冊の本が送られてきた。「江戸時代にみる日本型環境保全の源流」（農文協）という本だ。読むと、目からうろこだ。

江戸時代は素晴らしい時代だったとの話は以前から聞いていたが、それを具体的な事例を一つ一つあげながら説明している。

究極のリサイクルシステムがそこにはあり、一言で言うと一つのものにたくさんの人が関わって共生しているそんな社会だった。

ものを大切にし、人を大切にする。ものも人もこの宇宙の大循環の中でめぐっている。その大原則を本当に理解した社会だった。そんな社会にしたいと思う。

月に一度の楽しみ

毎月一回程度、夫婦そろって、たまごの配達に出かける。そのついでに外食を楽しんでいる。と言っても、うどん屋だったり、ネパールのカレー屋だったり、先日はいきなり「吉野家」で牛丼を食べたいとのリクエスト。

妻はまだ、吉野家に行ったことが無いらしい。さっそく、国道十号線沿いの吉野家に行き、二百九十円の牛丼を注文し食べた。食べ終わり車に乗り込むと「みんな黙って食べてるね」「あれじゃ、女の子は入らないわ」との評価。吉野家は早く食事がすむから売れていて、回転が速いのが売りの店なので、ゆっくりしゃべりながら食べる店じゃないと説明した。

昨年の夏には、延岡のウナギ屋さんに家族で行った。息子がうな丼をおかわりした。ミニ丼だったので財政的には助かったが、うな丼のおかわりには参った。

「延岡のおいしい店はどこ？」と妻に聞かれても、私も三十年近く延岡を離れていたので全く知らないのだ。目下のところ、妻は宮崎の名物かき氷「シロクマ」に強烈な印象を持っているようで、夏にはシロクマのおいしい店に連れて行く約束になっている。店を探さなければ……。

シフォンケーキのプレゼント

先日、いつも当農園のたまごを買って頂いているお客さんが遠路、当園まで来られた。その目的は、「お宅のたまごでケーキを作ったら、とっても、おいしかったので……」と当園のたまごを使ってシフォンケーキを焼いてわざわざ、お持ちになったのだった。何とも、ありがたいことで……。

早速、その日の夕食の後に、家族そろって直径二十センチメートルほどのケーキを頂く。たまごの色が良く出たケーキは、ふわふわだけど、しっとりとしていて、とてもおいしかった。みんなで、「これはおいしい!!」と絶賛しながら、瞬く間に大きなケーキはすべて四名のお腹に収まってしまった。

我が家でもこれまで、サーターアンダギーなどを妻が作って、そのおいしさを確認していたが、やはりたまごの違いがこんなに顕著に味に表れるのにはびっくりした。もちろん、作って頂いた方の腕が良いことは言うまでもない。

たまごを売りながら、こんな素敵なプレゼントを頂き、本当にうれしいひと時だった。

ほかにも、茶わん蒸しでたまごの違いが判るとか、お客様から話を聞かせてもらう。

その度に、ニワトリたちに感謝しながら、ニワトリたちが健康でよいたまごを産んでくれる環境づくりこそが、私たち家族を支える基本なのだと思いを新たにする。

眼前主義を改めよ

「婦人之友」という明治時代から百年以上も続く雑誌があり、その愛読者の会が「友の会」として全国に点在する。子育てや家事家計などを中心として生活の質の向上を目指した活動をしている。

その雑誌の巻頭に羽仁もと子さんの過去の文章がある。今年の二月号の巻頭文は「眼前主義を改めよ」というタイトルの文章だった。

その内容を勝手に意訳すると、消費者として社会に貢献することは、よいものを選び取って買い求めることだと主張する。

それは、よいものを作る生産者やよいものをそろえて販売する販売者に、よいものを選んで買うことによって、その生産者や販売者の姿勢を支持することに繋がり、社会全体が良い方向に向かうようになる。逆に安き物を選び取ることは、粗悪なものを作り流通させる社会となり、結局は人自身でさえも使い捨ての社会、粗悪がはびこる社会になって行くのだ。だから、眼前の価格に左右されず、私たち消費者は良いものを選び取って行かなくてはならない。そうすることで小さな消費の力が大きな力となって、社会を良い方向に変えていくことになるのだという根源的な話である。（人としてのありようまで踏み込んでいるのだが、今回は省略）

全く、感服させられる文章だった。

私たちは、一円でも安いものを求めて、毎日、物やサービスを購入している。

そのことが、社会全体を粗悪な社会にしてしまっているのではないだろうか。と言っても、なかなか、現実的には良いものを選び取る買い物ができない。

そんな中で、たとえば、山登りに使う、雨具とかザック、靴などは、やはり良いもの信頼性にお金を出して買い物をしている。山仕事で使うチェーンソーでも草刈で使う刈払機でも、堅牢で故障しにくい信頼性のあるメーカーのものを買うようにしている。

何から何まで、良いものとはいかないまでも、「これは」と思うものは、しっかりと良いものを選んで買うことを少しずつでも増やしていきたいと思う。

結婚時に買った羽毛布団は高かった。けれど、それだけの価値のあるしっかりとした作りだと思う。

ひとり一人がお金をどう使うかによって社会が大きく変わる、そんな気がする。

子供が生まれました

三月十五日は土曜日で、朝からニワトリのエサ作りをしていた。地元の新鮮な魚のアラをもらって、大きな釜で炊く。大豆を水で戻し、米と小麦と米ぬかとカキガラともみ殻燻炭《くんたん》を入れて混ぜる。一度に作る餌は重さにすると百五十キログラム程度、これを一週間程度保管して発酵させたものを食べさせるのだ。でもこの一回に作った餌は四日間で食べつくす。だからエサ作りは週二回のペースとなる。

そして、畑仕事をしていると、家事をしていた妻が何やらおかしい。破水したようで、助産院に電話すると「すぐに来てください」とのこと。外で遊んでいる子供たちを呼び戻し、着替えさせて一家で佐伯市にある助産院に向かう。

これまで、二人の息子は福岡の病院で出産した。妻の希望は「分娩台を使わずに自然に分娩ができるところ」。福岡の病院は素晴らしく、私もお産に立ち会い、へその緒を自ら切った。そして、出産後は私も同じ病室に寝泊まりして、赤ん坊の世話をした。宮崎に移転し、希望の病院が見つからなかったが、ようやく、隣町の佐伯市に良い助産院が見つかった。

助産院につくと、まだ、陣痛が来ないということで息子たちを連れて食事に出かけた。食事から帰ると、いよいよ陣痛が始まったようで急いで出産の準備をする。

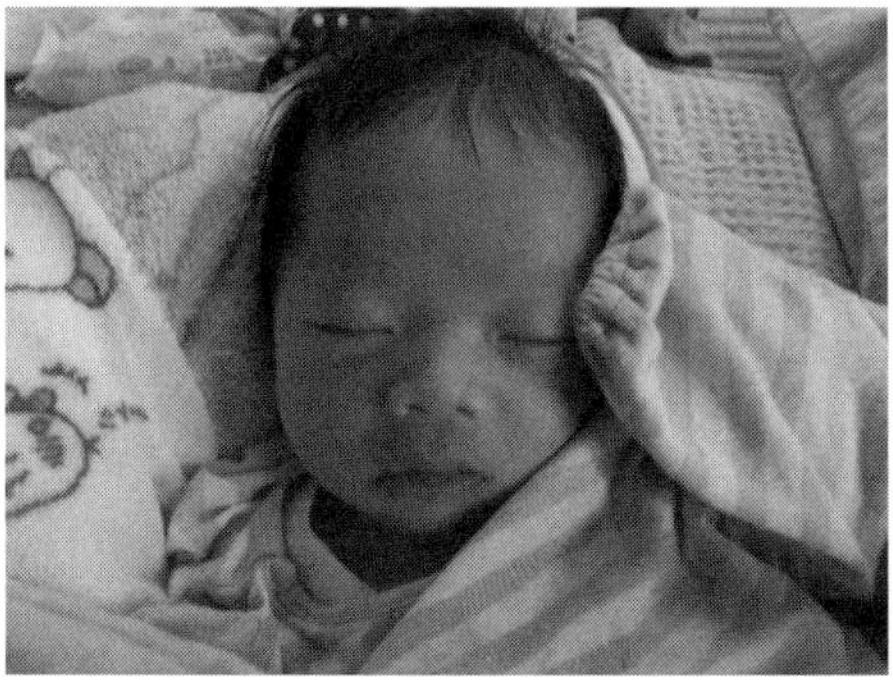

三男・正周《まさちか》と命名

息子たちも病室に入って立ち会うが、さすがに赤ん坊が出るところを見せるのはちょっとためらって、母親の頭を撫ぜるように指示した。

今回の助産院では、横向きでの出産だった。先生曰く「この姿勢がもっとも、力を抜ける姿勢だから」とのこと。陣痛経験の無い私としては、妻が痛さに耐えかねて私の手を掴むその痛さに耐えるしかない。「そんなに力んではだめですよ」という先生の言葉に、私も「力を抜いて」と妻に諭すしかない。と間もなく赤ん坊が生まれた。

三千七百三十八グラムの元気な男の子だった。今回も、へその緒を私が切った。三回目となると一発で切れる。

無事、お産を終えた妻は本当に良い顔をしていた。お疲れ様。そして、赤ん坊にようこそ。

深夜、子供たちを連れて家に帰り、子供たちを寝かし、一人ヘッドライトを頭につけて、鶏舎に向かい、たまごの回収作業を行った。生き物相手はこんな時にも待ったなしだ。

翌日、日曜日で本当に助かった。それから五日間、息子と私の男三名での暮らしが始まった。

子供たちには事前に伝えていたので、納得したように「お母さんは？」とは一言も触れない。

そして、それぞれ持ち場の仕事を頑張ってくれた。親バカだが、本当によくできた息子たちだ。

私も子供の頃に、母親が病気で入院したことがあった。

日曜日を利用して叔母に連れられ汽船で延岡の病院に見舞いに行ったのを覚えている。

短い間だが母親のいない生活の体験が、子供たちの自立への大きなステップになると確信している。

防犯の向こう

都会でマンションを購入する方から聞く購入理由が「戸締りが楽」という意見だ。確かに入口が一つしかないので玄関にかぎをかければ済む。職場も、自転車置き場も、どこでも「鍵」「カギ」「かぎ」の世界で、私としてはとても生きづらかった。

泥棒の数は、どのくらいの割合になるのだろうか。人口一億二千万人のこの国に何人の泥棒がいるのだろうか。

昨年の春、雨の日に家の前の畑でサツマイモの植え付け作業をしていた。手も足も泥だらけである。いつものように宅配のトラックが我が家に停まった。少しして、トラックが引き返してきて、運転手さんが「松原さん、荷物を玄関においいて、印鑑も押しておきました」との言葉である。運転手さんも私も大笑い。気の利く運転手さんにお礼を言った。

「田舎生活ブラボー！」といった気分だ。そうなのだ。鍵なんかいらないんだ。

泥棒がいない社会が理想の社会ではないのだろうか。

少なくとも、江戸時代には驚くほど泥棒は居なかったらしい。あの人口一千万人の江戸の町に警察に相当する奉行所が二つしかなく、交番などないのだ。なくてもちゃんと生活できていたのだ。

農業をしていると、農作業道具や収穫物、あるいは、我が家の場合は財産としたら鶏舎にいるニワトリたち。だが、鶏舎にも農作業小屋にも鍵などない。

ずっと前、収穫前の米が刈り取られ盗まれたというショッキングなニュースがあった。

海に浮かぶ養殖いけすでも、養殖していた魚を盗まれる事件もあった。

以前から思っていたことがある。

ほんの一握りの心無い泥棒から身を守るためとはいえ、何と生きづらいことか。生活の不便をこうむるのは、社会全体として大きなマイナスではないだろうか。

昔の泥棒はお金持ちのところに入っていた。それを考えると今はお金持ちが多くなったのか、泥棒がセコくなったのか、ちょっと考えさせられる。

泥棒がいなかったら、警察もいらない、鍵もいらない。そのお金やエネルギーを他のことに使える。

そんな社会を願っている。そのためには、一人一人の心を耕し、豊かにすることではないだろうか。

「防犯」とか「テロ警戒」とか、本当に心を閉ざす言葉が無くなる社会にしたい。

餅と子は……

昨年の年末のことである。年末の餅つきを我が家でやっていた、父は釜焚き、母は餅ちぎり、私は餅つき機を担当、姉は総括、妻や子供は餅丸めだった。ぎこちなく餅を丸めていると母が一言「あのなー、餅と子はハズもめ（餅と子供は力を入れてもみなさい）、と昔から言う」とのこと。その言葉を聞いて、妻と私は思わず目を合わせた。

昔の人は、本当にうまいことを言う。餅は手に力を込めてもみ、丸めると表面がつるつるの餅となる、反対にやさしく丸めると表面がぶつぶつの餅となる。子育ても同じだと言う。子供は鍛えれば、鍛えるほど、たくましい、器量よしの人間になるということだ。子供に迎合するのではなく、親として、常に子供の将来の自立を視野に入れた子育てこそが、真の子育てだと母の言葉に気づく。

たまごのはなし

毎日、ニワトリたちが産んでくれるたまごを産卵箱から取り出して、一個一個重さを量って、バスタオルで作った分別シートの上に並べる。

大きいのは七十グラムを超え、小さいのは五十グラムを切る。一つ一つ、色も形も大きさも違うたまごをパックに詰めていく。若いニワトリは殻が固く、小さめのたまごを産み、歳をとったニワトリ

色も形も違うたまごたち

は殻が薄く、大きめのたまごになって行くような気がする。十個パックをお買い上げ頂く方には、その違いが一目瞭然だ。

仕方なくSサイズからLLサイズまで、いろんなサイズのたまごをパックに詰めて皆さんにお届けするのだが、「大きさが違うから、便利なの」と意外な言葉を頂く。小さいたまごは子供さんのたまごかけごはんにぴったりのサイズらしい。大きいのは料理に使うといった感じで使って頂いているとのこと。自然養鶏を始めて二年。試行錯誤しながらの養鶏が続く。

まだまだ、ニワトリの育て方が下手なので、サイズがばらばらでご迷惑をおかけしますが、お許しください。

平和教育

毎年、夏になると小学校などで「平和教育」と呼ばれるものが行われているようだ。戦争の悲惨さを子供たちに伝え、二度と戦争が起きないようにとの狙いがあるという。

しかし、戦争がどうして、どのようなことで起こるのかといった視点が抜けおちた教育になっていないだろうか。それは、私が子供時代も同様だった。

一九四一年の第二次大戦は遠い過去の話で、私も生まれていなかったから、よくわからないことが多くある。真珠湾攻撃をアメリカ大統領は事前に察知していたが、参戦のためにこれを放置したという説があるが、私が今持っている情報だけでは、はっきりしない。

しかし、一九九一年に始まった、イラクに対してアメリカを中心とした多国籍軍が戦った（侵略した）湾岸戦争ははっきりしている。この戦争は、意図的に起こされたと言ってよいと思う。

一九九〇年にアメリカ議会でナイラという少女が「クウェートの病院にイラク兵が入って来て、保育器から新生児を取り出し、冷たい床に放り出し死なせた」と泣きながら証言したことから一気にアメリカはイラク侵攻へと傾いた。しかし、このナイラという少女は、クウェート駐米大使の娘であり、証言は全くの偽りだったことが後に判明した。

湾岸戦争から十二年後にはじまるイラク戦争（二〇〇三年）で、開戦の理由を当時の米国大統領ジョージ・W・ブッシュは、「イラクは大量破壊兵器を隠し持っている」と何度もいい、時のイラクの大統領、サダム・フセインを穴倉から引き出し、処刑した。

しかし、それから十年以上を経過しても、イラクには「大量破壊兵器」は見つかっていない。

そして、イラクには、アメリカ軍が攻撃に使った大量の劣化ウラン弾が今でも放射線を出し続け、イラクに深刻な放射能汚染地帯が残されている。

戦争がどのようにして起こるのか、歴史から学ぶべきではないだろうか。

昭和十三（一九三八）年に国家総動員法という法律が成立し、三年後に真珠湾攻撃が始まっている。

「国際紛争でアメリカの若者が血を流しているのに、日本の若者が血を流さなくていいのか？」

と、耳を疑いたくなるような言葉が飛び出しているこの国を、真の平和国家にするための努力が、今最も重要かつ必要な気がする。

ヤギの乳搾り

雌ヤギのコユキの子供、ココユキが都城の農家さんに貰われていった。お乳の張ったコユキを見て、かわいそうになり、それから夕方の乳搾りが始まった。

夕方は家族総出でヤギの乳搾り

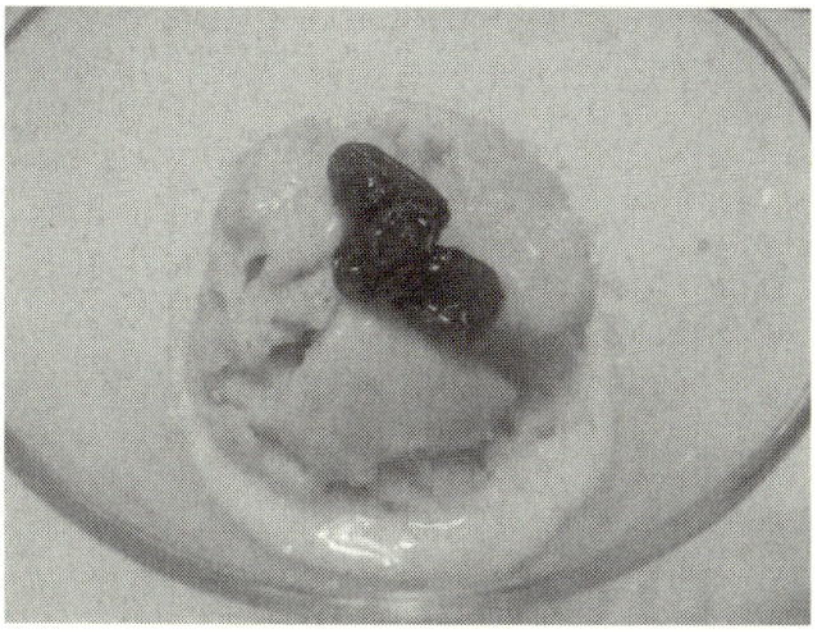
ヤギ乳とたまごで作ったアイスクリーム

コユキを玄関先の柱につなぎ、子供たちが鼻先に好物の大豆を少しずつ与えて行き、それを食べている間に、わたしはコユキの後ろ足を持ち、妻が乳を搾るのである。

毎日、七百ミリリットル程度のヤギ乳がとれる。

私は、ヤギ乳を焼酎と割って飲むのが好きだが、妻はヤギ乳入りのパンとかケーキとか、ついには、ヤギ乳のアイスクリームまで作った。アイスクリームに大人だけはラムレーズン（ドミニカ共和国のラム酒に干しブドウを漬け込んだ自家製）を載せて頂く。家族全員が思わず、笑顔になるひと時で、これが本当に「豊かさだよね」としみじみと思う。

てまひまかかることを、てまひまかけることで、深い味わいになる。そんな気がする。

「買った方が安い」との声をよそに、天からや人様からの頂き物で命をつなぐ生き方も素敵ではないだろうか。

なにもかも、「自分で……」と意気込むと、自分で自分の首を絞めかねない。「頂きます」「お世話になります」と心から言える暮らしこそが、豊かなのではないだろうか。

今年は鉄杭を買って来て、庭先に打ち込み、その杭にヤギを繋ぐことにした。

定期的にヤギを庭のあちこちにつなぐだけで、刈払機による庭の草刈をしなくて良いかもしれない。

今のところ、お茶とたまごとヤギ乳だけが我が家では買わなくて済む食材となっている。と言っても、お茶もたまごもヤギも私一人では所詮、何もできなくて、周りの多くの人の助けを借りてようやくできている。

草ぼうぼうの田んぼを眺めながら、惨めな気持ちになる。

また、周りの方に迷惑ばかりかけて……と。しかし、意地でも「がんばらない」のだ。

頑張りすぎると、ろくな事にはならない。かといって、あきらめているつもりもない。

「かんばらない、けど、あきらめない」これが私のモットーなのだ。

雄鶏から学ぶ

当農園においで頂くお客さんは、皆さん、産卵箱に自ら入りたまごを産む雌鶏と働き者の二人の息子（子供）たちに感心する。

まぁ、当然と言えば当然だが、鶏舎には多くの雌鶏に交じって数羽の雄鶏がいる。

このオスは、ヒナから青年期までは、メスを押しのけて自分が餌をがつがつ食べる。そして、体つきもがっしりとして、メスに比べ一回り大きく成長する。しかし、トサカが発達し、大人の雄鶏になると態度が変わってくる。

餌は青年期のように我先に食べなくなる。むしろ、おいしい餌があると雌鶏にその餌があることを教え食べさせる。そして、常に群れを守ろうとするのだ。たとえば、夕方のエサやりの時、最後の雌鶏が鶏舎に入らない限り一羽の雄鶏は絶対に入らないのだ。必ず鶏舎に最後に入るのは雄鶏である。

更に、我が家の子供たちや知らないものが鶏舎に入ると、オスは警戒し、足蹴りをしてくるのだ。まさに体を張って群れを守る。そんな意識が働いている。

世の男性に、この雄鶏の姿を見せてやりたい。「いやいや、私は雄鶏以上に頑張っているよ」と言われる方もいるかもしれないが……。

男女機会均等法という法律ができ、男女平等との声が流れている。しかしながら子育てをしていると本当に、男のできることは限られている。子供を産めるわけではなく、お乳を飲ませることもできず、ただ、おむつを干すぐらいだ。その代り、外に出て働く。

お互いが、お互いの違いを認め合って、協力し合いながら暮らすことが一番合理的ではないだろうか。

男女平等の名のもとに、女子の深夜労働が目立つ。三十年前までは、女子の深夜勤務（看護職などを除き）は法律で禁止され、それなりに保護されていた。もちろん、二十四時間営業などない。女子供を深夜まで働かせて国が栄えるとは思えない。国も法律も、その存在意義は「弱者救済」なのだと私は思っている。

弱者を救済しない国や法は、自らの存在意義を失いやがて滅びる運命にあると思う。

働けど働けど生活が豊かにならない「ワーキングプア」と呼ばれる貧困層を生み出す社会は、いずれ自己崩壊するだろう。

それまで、私たちは何をすべきか。

大地にしっかりと根をおろし、食料とエネルギーと水を自らの手で確保し、経済の混乱にも、社会の変動にもへこたれない人と人の結びつきを作っていきたい。

こどもの笑顔

今年の三月に生まれた息子が、三か月を過ぎ、徐々に首がしっかりとしてきた。

お風呂に入れる時は、いつもドリフターズの「いい湯だな」を歌いながら、身体を洗ってやる。

こどもの笑いは、「ものマネから始まる」気がする。

三男の笑顔（生後三か月）

予防接種に疑問を抱き、これを否定している私たちは、子供の健康を考えて、子供自らの免疫力を高める生活を心がけている。具体的には、規則正しい生活とこぎれいな環境と笑い。

風呂から上がると、子供の両手を取って、「大きなクリの木の下で……」と動かすと、とても喜ぶ。最近では、声を立てて笑うようになってきた。三人の子供ともにこうやって、育ってきた。

上の二人の子供も予防接種をしていないが、百日咳やプール熱、飛び火（伝染性膿痂疹）といろいろな感染症にかかってきた。

「病気を治す薬はない」

夫婦で、病にかかった子供を一生懸命看病して、励まして、やがて自己免疫で回復していくのを待つしかない。

百日咳では、本当にその名前通り三か月間夜になると咳が出るのだ。本人が一番苦しんでいるのだが、看病する方も体力を落とさないように気を使い、なかなか大変だった。でも、三か月たつと嘘のように治ってしまい、改めて人間が持つしなやかな生命力に感謝した。

我が家では、普段は厳しく、布団の上では子供たちと目いっぱい遊ぶ。

馬乗りや相撲、柔道と汗いっぱい真っ赤になりながら、笑い転げながら布団の上で遊ぶのだ。

そして、少しずつ、少しずつ、親も子供も成長して行く。

農園の一日

夏休みが始まり、農園の農家民宿にもお泊りのお客さんが来られるようになった。世の中は夏休みだが、生き物を飼っている当農園としては、三百六十五日休みなしの日々が続く。

朝、起きてニワトリ小屋の扉を開けると、ニワトリが元気よくクヌギの木立の庭に飛び出してくる。

それから、ニワトリたちにエサをやり、水をやり、畑の電柵の電源を切り、ヤギを今日の草を食べるところの杭につなぎ、ようやく、私も朝食にありつける。

朝食を食べながら、今日一日の予定を話し合う。

そして、しばし休憩をした後、それぞれの仕事にとりかかる。

だが、時間はあっという間に過ぎ、たまごを集める時間となる。

産卵箱からたまごを集め、一個一個、その重さを測り、均一になるようにたまごパックにたまごを詰めていく。

夕方は、日没の二時間前には、ニワトリにエサをやり、水をやり、産卵箱を掃除して、ヤギを小屋に入れて、畑の電柵の電源を入れる。そうして、農園の一日は暮れていく。

夏は暑くて、冬は寒い。当たり前のことだが、ニワトリ小屋の前に広がるクヌギ林は、夏涼しくて冬暖かい。

できれば、ここで仕事したいと思うのだが、のんびりと時を過ごすニワトリを横目に見ながら汗まみれで働く自分を笑ってしまう。

始めること、続けること

昔、熊本県に住むインド哲学の先生を訪ねた時、ご自分で自宅のログハウスを建てたと言う。

先生曰く、自分でログハウスを建てるには、

「まずは、始めること。それから続けること、それだけだ」

それだけでログハウスは建てられるんだと、先生は淡々とおっしゃった。

もっともなことで、至極、当たり前のことだが……。

物事、なんでもそうで、ことを起こす前にあれこれと考えてしまう。もちろん、事前に思案しておくことは大事なことだと思うのだが、考えるだけで一向に行動が伴わないと、その考えは全く意味をなさなくなる。

まずは、始めることから、行動することが大切だと思う。

その次は、その始めたことによって、結果やその行動の意義がより理解でき、その活動を少しずつでも続けることが大切だ。

ゴール無き道はなく、いつかはたどり着けるところがある。

そのゴールに向かって、こつこつと一日一日と近づく努力を続けること。その積み重ねが、気が付くとゴールにたどり着くことに繋がっている。

台風と稲刈り

八月の初めには稲の穂が黄色く色づき、いよいよ稲刈りの時期となった。

しかし、今年は長雨と台風で稲刈りは大変だった。

天気予報で八月七日（木）の一日がわずかに晴れとなることがわかり、その日に一気に稲刈り作業を始めた。コンバイン（稲の刈取りと脱穀をする機械）で一反（十アール）の田んぼを刈取り、残り（六アール）の田んぼはいつ雨が降ってきても良いようにバインダー（稲の刈取りと刈った稲を束ねる機械）での作業となった。

いつもは、子供たちと楽しみながら行う作業も、雲行きを見ながら、天に「雨を降らすのを遅らせて！」と祈りながらのドタバタ作業だった。

祈りが通じたのか、天気予報に反して夕方の刈取り作業が終わるまで、雨が降らなかったのが幸いだった。

翌日八日は台風接近前に風と雨が降る中、子供と私の三人だけが周囲の田畑に誰もいない田んぼで前日刈取った稲束を一束ずつ、竹の干し場に掛けていった。ずぶぬれ状態の中で、子供たちもよく頑張ってくれた。

九日は台風が一日中雨と風を運び、稲束はすべて干し場から落ちて、田んぼの水につかっていた。

十日台風一過、この日のうちに水につかった稲束を救出して、田んぼの近くのガードレールに干し直した。そのままにしておくと水につかった米は発芽して、食べられなくなる。

四十年ほど前の記憶がよみがえる。

昭和四十六年くらいだったと思う。その年の夏の稲刈り直前の田んぼを台風が直撃し、刈取り前の稲がほとんど倒れた。加えて、台風一過の晴天で、土に付いた稲穂からは一斉に芽が伸び始めた。バインダーを使えず、小学生だった私も一株ずつ鎌で刈取り、芽が出て大地に根を張ろうとしている穂先を田んぼから引きはがすような稲刈りを体験した。

その年の米はまずかった。ところが母は決してその米を捨てずに、一年間食べ続けた。そして、翌年の夏、稲刈りが始まると母は素早く精米し、即日、新米が食卓に上がった。その時の新米のうまかったことは未だに覚えている。

子供たちが、今回の台風経験をどのように記憶するかわからない。

だが、子供たちには、大自然の中で生きるということは常に気象をはじめとしたさまざまな環境・状況と向き合い、どんな状況になったとしても最善を尽くし、努力を惜しまないことでしか、生きられないことを身を持って感じてほしいと思う。

生き物たちが複雑に織りなす多様で豊かな社会、鳥や虫や獣と共にこの瞬間を生きて行く。

そうして、人間としての豊かな感受性と命あるものとしてのしなやかさを身に着けてほしい。

十三日、ガードレールに干した稲は姉の協力のもと、無事脱穀作業を終え百二十キログラム程度のもち米となった。天日で干して、水分量を十四％に調整して、来年用の種もみを確保したら残りはおこわにおはぎに正月用の餅、それに少しばかりだが、皆さんへもお福分けしたいと思う。

今年の春先に子供たちが植え、子供たちが草取りをした世界一のもち米だ。

忠犬からカプリ

夏休みを利用して福岡の知人（A氏）が、一家で当園に遊びに来た。今年は愛犬も連れての来園だ。福岡にいた時に子供たちが同じ保育園に通っていた関係で、家族ぐるみのお付き合いだ。

夕方、庭先にバンコを出してバーベキューをして楽しい夕食をとっていた。私の隣にはA夫人が座り、その間には愛犬が行儀よく座っていた。

一匹のアブが匂いにつられてかやってきて夫人の肩にとまった。私は「アブがいますので、そのまま動かないでね」と言ってアブを叩こうと手を振り上げた瞬間、私の足に愛犬がカプリとかみついた。一瞬、何が起こったのか、わからなかった。前後の状況を確認して、一同、大笑いだった。

愛犬は実にすばらしい忠犬だった。

ご主人さまが、何者かに攻撃されるととっさに判断して、先制攻撃の一噛みにつながった。見事、先制攻撃は成功して、ご主人様の身は守られた。

私の方は、たまたま、長靴を履いていたので、けがはたいしてなかったが、作業用の長靴の甲にきれいな噛み痕の穴が二つ空いてしまった。

犬にはせめて、噛む前に一言「ワン」と吠えてほしかった。

頼り頼られる社会に

今年になって、また、身近な方が自らの命を絶った。

調べてみると太陽サンサンで、のんびりと暮らしやすいこの宮崎県でも、自殺者が多い傾向にあり、県では自殺防止を呼び掛けているそうだ。

しかし、もっと、根本的な問題として考えないといけないのではないだろうか。

大学を退職して「自営業」となり、給料もなく、勤める職場もなく、家族が何とか食べて行けるのは、本当に陰に日なたに、実に多くの方の援助のおかげである。

その意味ではたまごを売って歩くことで、これまで以上に社会とのつながりを自覚した。私たち家族の生活が、まさに、社会によって支えられていることを実感する。

先日は、福岡で反原発の集会があり、行き帰りのガソリン代をねん出するため集会会場に自家精米したもち米を持ち込み販売した。その名も「もちつもたれつ・もちもち米」十二キログラムのもち米は瞬く間に売れ、集会の主催団体にも売り上げの一部を寄付し、私も何とかガソリン代を手にすることができた。売り手よし、買い手よし、主催者よしの三方よしといったところだろうか。

「お前の世話にはならない」と頑張ってみても、人は一人では生きられないし、楽しくない。いろんな人が、ガヤガヤとかかわりあって、一人一人が得意な分野で、精いっぱい身近な社会に貢献する。そんな社会こそが、豊かな社会ではないだろうか。

一人一人が独立した人格であり、その人格が織りなす社会こそが、本当に豊かな社会なのではないかと思う。そのような社会を誰もが望んでいるはずなのに、なぜ、実現しないのか。

二〇〇〇年に『人間を幸福にしない日本というシステム』（カレル・ヴァン・ウォルフレン　鈴木主税訳　新潮OH！文庫）という本が出版され、社会全体を変えなければとの機運が高まった。

社会と個人のありよう、政治のありようについて、よくよく、一人一人が考えなければならない。多くの方が、テレビ、新聞、雑誌などマスコミから流れ出す大量の情報に翻弄され、思考停止状態になっているように見受けられる。（日本のマスコミがそのように仕向けているという見方も）

人を頼り、人から頼られる社会こそが、私たち一人一人を幸せにする社会だと思う。

私の大好きな仏教の逸話は、理想とする「仏の社会」と「餓鬼の社会」との違いを分かりやすく教えてくれている。

長い箸（菜箸よりももっと長い箸）を使って食事をとろうとすると箸の先が口に届かない。それでも、自分の口に食べ物を運ぼう運ぼうとして、もがき苦しむのが餓鬼の社会。仏の社会では、同じ箸で食べ物をつまみ、その箸先を隣人の口に差し向ける。そして、お互いが食べられるように助け合う社会が仏の社会である。

一人勝ちのブラック企業、どこまでも利益のみを追求する会社、私だけはと頑張る人、どこか、「餓鬼の社会」と重なって見えてくるのは私だけだろうか。

ゲーム機は買わない

小学二年生になった息子が「今年はサンタさんに、ＤＳ（携帯型ゲーム機）をお願いしよう」と言い出した。何とも嘆かわしいことで、息子には「サンタさんが夜中に家に届けにきても、私（父）が断って持って帰ってもらうぞ」と言っている。

妻にも「私は子供にゲーム機を買い与えるつもりはない」と明言している。

ところが、世の中はゲーム機メーカーの戦略にハマってしまい、大人も子供もゲーム大好きとなってしまっている。

「子供が欲しがるから……」と言う親の言葉には、本当にげんなりする。

少なくとも、子供が自立するまでは、親の判断で子供に物や環境を与えなければならないと思う。

最近のテレビアニメでも「ポケットモンスター」とか「かいけつゾロリ」とか、たまたま、子供と観て、その作品の質の低さにびっくりして、もう少し質の良い作品をと心がけている。

具体的に言うと、敵が現れたら、自分で戦わずに他のロボットやモンスターなどを身代りに戦わせたり、問題が発生すると手持ちのコンピューターに回答を求めるのだ。自ら努力し考えて生きて行く姿勢が感じられない。今の世相を反映した作品と言えばその通りで、だからこそ、なおさら未来を生きる子供たちには、より質の良いものを観せたいと思うのだ。

そういっていると妻から「アップル社の共同設立者のスティーブ・ジョブズさんも自分の子供には、ゲーム機を与えなかったそうよ」との情報があり、心強い味方を得た思いである。

そのような状況で今、子供たちに「アルプスの少女・ハイジ」のアニメを観せている。

もちろん、私も妻も一緒になってネット配信のアニメを観ることにしている。

健気なハイジがアルプスの大自然の中、おじいさんと育ち、都会の少女・クララをアルプスに誘い、そして、歩けなかったクララが自分の足で歩けるようになっていくという物語だ。

子供の時に観た記憶があるが、改めて観ていると再発見することが多々ある。

観ている子供たちが、テーマ曲に合わせて、踊りだすのはなぜだろうか。

子育て、人間の成長に必要なことは何か、アニメを観ながらいろいろと教えられる。

こうして見ると、「何をこどもに観せるか」ということではなく、「誰と観るか」といったことの方が重要であり、必然的に大人にとっても観ごたえのある作品しか観なくなるのではないだろうか。

ハイジが終わると、次は「母を訪ねて三千里」とのリクエストが妻から来ている。泣けるアニメだが、夫婦で涙を流すことで、また、新たな発見があるかもしれない。

子は親のいうことを聞かない

毎月、第二土曜日の夜は我が家で友人たちが集まり飲み会をしている。

最近、子供たちが言うことを聞かないと愚痴ると、「マナ（私のこと）、親の言うことを聞く子供がおるか！　子は親の言うことを聞かんもんじゃ！」と一喝されてしまった。

確かにそのとおりである。

たまごの配達で通う道路沿いにある石屋さんの石に「子は親の言うことは聞かないが、親のすることの真似をする」と書かれていて、思わず笑ってしまった。

日本昔話にも「ずれっ子の子蛙」という話がある。親の言ったことの逆のことばかりする子供に死期が近づいた親蛙が、私が死んだら墓は「川に近いところに立てるように」と遺言する。もちろん、親は墓を山に立ててほしいがためにあえて逆のことを言うのだが、子蛙は親の遺言ぐらいはきちんと聞かなければと遺言を尊重して、川の近くに墓を建ててしまう。

雨が降ると、親の墓が流されはしまいかと心配になって泣く子蛙。蛙が雨の降るときに鳴くのはこの時からだと締めくくる昔話に、何か、現在にも通じる親子の関係を見るようだ。

親は子供のことを考えて話す。子供とて、親のことを思いやる。その思いとは裏腹に物事が進んで行ってしまうことが多々ある。そんな親子の関係をシュールに描いている。

子も親も、日々明るく、元気に、憂うことなく、暮らしたいものだ。

親鳥への成長

五月の半ばに導入したヒナが成長して、十一月になると、一個、二個とたまごを産みはじめた。

昨年秋に導入したヒナは、春先に産みはじめたが、たまごが小さいものが多くて、売れるたまごが不足して困ったが、今回の春のヒナは、たまごの産みはじめは遅いけれど、立派なたまごをはじめから産んでくれるのでとても助かる。

成長期間が長くなる春雛での運用を中心に考えた、合理的な経営を見出さなければならない。

新しくニワトリたちがたまごを産みはじめると、これまで頑張ってくれたニワトリは、鶏肉として皆さんに食べて頂けるようになる。自家発酵のエサで育てた違いが肉質に現れる。私が自然養鶏に惹かれたのは、実はこの廃鶏の味の良さに驚いたからだった。いつまでも飼っていたいが、エサ代と産卵率を天秤にかけると仕方がないことで、鶏肉を味わって頂くのがせめてもの供養と考える。

昨年は、九州産小麦が豊作だったそうだ。「それは良かった」と誰もが喜ぶのだが、豊作で「くず小麦」が不足して、値段も高騰しているという情報が入った。びっくりである。

一方で、米は台風の影響だろうか、今年はくず米が大量にあり、価格も安くなっているとのこと。とにもかくにも、来年のニワトリの穀物のエサを確保しなければならない。何といっても、一年に一度、この秋にしかくず米とくず小麦は出回らないのだ。

豊作で誰もが喜ぶべきなのに、流通の関係なのか、市場の関係なのか、生産者も消費者もこの奇妙な現状をわかってほしい。当園の来年のニワトリのエサは安価なコメが主体になりそうだ。

モミ付の米ならば、暑い夏にも耐えて、一年間楽に貯蔵できるのだが、くず米は玄米となっていて、夏の気温の上昇に伴い虫が発生するのだ。その対策を来年は考えないといけない。

まだまだ、克服すべき課題は山積だ。

中学生の職場体験

十一月の下旬に地元中学に通う二年生、男女二名が当農園に職場体験学習にやってきた。

地元中学（北浦中学校）の新しい取り組みとして、毎年行っているとのことで、私としてもその取り組みに賛同し、当園もできる限り協力する旨を伝えた。

体験の前に、体験する生徒が挨拶と打ち合わせのため、当園を訪ねてきた。やや緊張気味の生徒に、当園の概要を伝え、体験学習先としてここを選んだ動機を聞いたところ、「先生から行けと言われた」とのこと。体験の日までに将来希望する職業についての作文を書いてもらうことにした。

体験は木曜日と金曜日の二日間、生徒さんに何をしてもらうかをいろいろと思案した。

そして、木曜日の朝、男女そろって生徒が自転車をこいでやって来た。

ちょうど、福岡の知人から杉の板で作ったコマ部品の制作依頼が来ていたので、それを作ってもらうことにした。ボール盤を庭先に設置して、かんなをかけて事前に用意していた杉板を丸くくりぬいてもらう作業だ。

休憩をはさんで、町内のたまごの配達に付き合ってもらった。六個パックや十個パックのたまごが入ったケースを一軒ずつ、配達して行く。

行く先々で地元の方から「おーっ、中学生の体験か。いいね」と暖かな声をかけられ、生徒は少し照れながらたまごを配っていた。

配達から帰り昼ごはんを食べた後、一週間に一度のニワトリのエサ作りを手伝ってもらった。

くず米を四袋（百二十キログラム）、くず小麦四袋（百二十キログラム）、大豆、米ぬか、魚のアラなどを混ぜて発酵させるのだ。総重量は三百キログラムにもなる、ちょっと重労働の作業である。

翌日は、ジャガイモの収穫を考えていたが、天候も今一つだったので、畑の杭を作る作業をしてもらった。昼から私は延岡市街地のたまごの配達があり、妻に二人を任せた。

男子は薪割り、女子はケーキ作りを体験したとのことだった。

出来上がったばかりのケーキを食べながら四名でお茶をしながら二日間の体験を振り返った。

男子生徒は「エサ作りがきつかった」と語った。

彼が書いた作文には、「プロ野球選手になって、親孝行がしたい」との一文が書かれてあった。中学生からこのような言葉を聞くと、本当に胸が熱くなる。女子生徒もとてもまじめだった。

将来の希望は、男子はプロ野球選手、女子はバレーボールと共にスポーツを職業にしたいとのことなので「農業」への関心は薄いのかもしれないが、今回の体験が何かのきっかけになればと思う。

いつも笑顔が絶えない三男・正周《まさちか》

私も中学生の時、父の船に乗り込みきんちゃく漁を体験した。その時の体験は今でも鮮明に覚えている。自分の船の真下で集魚灯に照らし出されたイワシの大群の泳ぐ姿に感動した。
経験・体験はその人を作り、育む大切な宝ものだと思う。うちの子供たちにも言えることだが、いろんな体験を通して豊かな人生を送ってほしい。

子供の口に消しゴムが……

今年三月に生まれた三男・正周《まさちか》はすくすくと育って、今、両

銀杏の板を利用したパソコン机

腕を使って家の中を這いまわり始めた。そして、いろんなものを触り、口にくわえる。

先日は、何か口をもぐもぐしていたので、口に指を入れてかき出してみるとなんと、消しゴムだった。子供が置き忘れた消しゴムを口に入れて、かみ砕いていたようだ。

家の中を整理しないと……。

以前にも、上の息子が知らない間にどんぐりを飲み込んだようで、うんちと一緒にきれいなどんぐりがお尻から出てきたのには目が点になった。

何でも口に入れて、それが何かと確認する。考えてみれば当たり前で、生後八か月の今の時期、手足の神経も未発達で、唯一、口の神経だけはできているのだから、その限られたセンサーで外界を理解しようとすることは、至極当然と言えばその通りだ。

ニワトリも、とにかく、口に入れられるものは、とりあえず食べてしまう。

だから、ニワトリにしても息子にしても、プラスチックやビニールなど、食べてはならないものを周辺から排除することに気を遣う。まずは、そのようなものを使わないことだ。

子供のとき、台風一過の浜辺にウミガメが打ち上げられていた。クラゲと間違えたのだろうか、口には透明なビニール袋がいっぱいに入っていた。カメの口からビニールを取り出すのにかなり力が要った。しまいにはカメの腹に足をかけてビニールを引っ張り、ようやく抜けた。抜けた時、カメからため息が聞こえたような気がした。思わず泣いてしまった。

それ以来、私はビニールとか、プラスチックが好きでなくなった。

それにしても、うちの子はよく笑う。

子供を見ると、皆さん「まぁ、愛想の良い子だ」と言ってくれる。笑いは「マネ」のはじめだと私は思っている。積極的に笑いかけると子供も笑う。笑うことで免疫力も高まり、健康な子供になる。すくすくと育ってほしい。毎日見る、息子の笑顔がたまらない。(親バカ……)

働く子供の里づくり　二〇一五年

リヤカーに興味津々

「未来少年コナン」「アルプスの少女ハイジ」「母を訪ねて三千里」と宮崎駿のアニメを子供と観ていて、次には何を観るかと子供に聞くと「牧場の少女カトリ」とのリクエスト。早速、ネットで無料の動画を探してみると、なんと著作権の関係だろうか、配信されていないようだった。

これまで観た、宮崎アニメで共通しているのはこどもながらも働き、働きを通して自立していく姿が描かれていることではないかと思う。

昨年末に地元のおばあさんから一台のリヤカーを頂いた。持って帰り、タイヤに空気を入れるとまだまだ使える立派なものだった。初めて見るリヤカーに子供たちは興味津々。さっそく、「松原農園」の看板を後ろに取り付けて、土日には、リヤカーで集落の野菜くずを拾ったり、たまごを配達したりしている。地元のおばあちゃんたちもそのリヤカーを引く子供たちの姿を見て、目を細めていることは間違いない。

こうして、小さな取り組みをこつこつと経験しながら、地元の方々に可愛がられながら成長してほしいものだ。

私も小学四年生から高校を卒業するまで、ワタリガニ漁をしてバイトした。土曜日の夕方、網を仕掛け、日曜日の朝、まだ暗いうちから船を出して網を揚げ、かかったワタリガニは、地元の旅館や魚屋さんに売る。そうして、小遣いをためて、好きな図鑑やテープレコーダーなど自分が必要だと思うものを購入するのだ。

今年の春に小学生になる次男にも今、風呂焚きをしてもらっている。マッチをするのも上手になってきた。

結婚して、子供が生まれ、妻と子育てについて、幾度も話し合った。その中で、私も含めて今を生きる人々の生きる力の無さを痛感し、生きる力を子供たちに身につけさせたいとの結論になった。日々の生活の中で食料を生産し、それは、家畜を飼ったり、野菜やコメを育てたり、果樹を植えたりしながら、エネルギーを自給する。材木を山から集め、薪を割り、備蓄する。田んぼの草取りも薪割りも、風呂焚きも、日々の生活の一部として、黙々とこなしていく。そんな子育ての中で、社会とつながり、さまざまな方に可愛がられながら励まされながら、自立していくように育てたい。そのためには、子供たちが自由に働ける環境をつくることだと思った。

まさに「働く子供」、劣悪な貧困の中で「働かされる」のではなく、豊かな地域社会に支えられ、育まれながら、生き生きと「自ら働く」子供たちを目指した。

新規就農から三年が経ち、ようやく、その道筋が見えてきた気がする。

今年から、地元の子供たちを巻き込んで米作りをしたいと考えている、名付けて「コメつくり隊」。そのままのネーミングだが、「名は体を表す」ということもある。この地を働く子供の里にしたい。

鳥インフルエンザについて考える

昨年十二月半ばに宮崎県北部の延岡市北川町の養鶏場で死亡したニワトリから鳥インフルエンザウィルスが検出され、防疫措置として、養鶏場のニワトリ四千羽を殺処分、埋設した。

この時点で、お見舞いやお問い合わせの電話や手紙を頂いた。

その後、宮崎市高岡町の養鶏場でも、四万二千羽のニワトリが同様に、殺・埋設処分された。一昨年は、隣の韓国で鳥インフルがたびたび発生し、大量のアヒルや鶏が処分された。鳥インフルエンザウィルスは、渡り鳥がそのウィルスを持ち、感染を拡大させるという。

しかし、未だに野鳥が鳥インフルエンザによって大量死したというニュースはない。

厄介なのは鳥インフルエンザウィルスが突然変異して、人間に感染するウィルスに変化することだ。当園など庭先でニワトリを飼い、鶏と一緒に生活していることは、「危険視」されるのだ。

WHO（世界保健機関）の発表によると、H5N1型のヒトへの致死率は約六〇%としている。しかし、二〇一二年二月二十四日の朝日新聞によると、米国の科学雑誌「サイエンス」に掲載された論文ではその致死率は一パーセント以下となる、という記事が載っていた。同日の中国新聞の記事では、「WHOに癒着疑惑」「欧州議会・製薬会社と流行扇動」との見出しが躍っている。

　鳥インフルにしても、エボラ出血熱にしても、社会に恐怖を流布しようとしているように思えて仕方がない。牛の口蹄疫、豚の流行性下痢など、家畜の病気を利用して、「人から家畜を隔離する」「家畜生産現場の隠ぺい化」といった方向に動いているような気がしている。

　遺伝子組み換え植物を利用して、今、綿花、大豆、小麦、トウモロコシと大企業が食料生産を支配しようとしている。インドの活動家が「静かな戦争」と呼んでいる状態が全世界で進行している。

　人も家畜も自然の一部であり、大自然の中で生きることしかできないことをもう一度、一人一人の心の中で納得し、そこから物事を見直す必要があるのではないだろうか。

『傷はぜったい消毒するな——生態系としての皮膚の科学』（夏井睦　光文社新書　二〇〇九年）という本をご存じだろうか。著者自身が痔ろう患者の施術後に消毒はしなくても完治するということを経験し、そこから、かえって消毒することで傷口の修復に時間がかかり、傷口がきれいに治らないことを突き止めた。

　今、一般病院の外科でも、消毒しない治療方法がメジャーになりつつある。

「鳥インフルで消毒！」と叫ぶ人たちは、大自然の摂理について、もう少し目を開いてほしいと思う。人も鳥もヤギも、日々の健康は日々の生活のありようによると思う。薬は病気を治さない。

　腹八分目の食事と適度に体を動かす生活は、健康の基本ではないだろうか。

医療と健康

私たちの住んでいる自治体でも「健康な街づくり」と称して、市民の健康増進を掲げている。健康づくりで、個々人が生き生きと生活ができ医療費も削減となれば、皆がハッピーとなる。ところが、現実は厳しく、医療技術の発達に伴い検査費や薬代が高騰し、医療費が払えず苦労している方が多いと聞く。また、薬害や医療ミスによる事故があとを絶たない。

病院での検査と言えばレントゲンをはじめとして、血液検査、エコー、ＭＲＩなど、さまざまな検査が現在行なわれている。また、手術の方も内視鏡手術、カテーテル手術など高度で患者の身体的な負担を少なくした手術方法が発達している。

私も十年前に心臓のカテーテル手術を受けたことがある。両足の付け根の静脈と首の静脈から管を入れて心臓の神経を焼切るといった手術だった。一泊二日の手術で医療費がなんと百万円。病院の会計でそれを聞き、まさに「心臓が止まる」思いだった。幸いにも高額医療制度というものがあり個人負担は少なくて済んだ（もちろん差額は税金からの補填）のだが、その病院には「医療ローン」の看板がでかでかと掲げてあり、何とも言葉に表せない複雑な思いをした。

少なくとも、病院での検査は医師が患者の病気の状態をより詳しく知りたいという意向で行うもので、治療とは関係のない検査費用は病院持ちとして頂けないかと思うのは私だけだろうか。

「健康になりたい」という希望に対して、薬にたよる療法と薬に頼らない療法があると思う。鍼灸、あんま、整体、ホメオパシーなどの療法は薬を一切使わず、体内のツボや免疫系などに刺激を与えて、自己免疫を高めたり、身体のバランスを整えたりして、自然治癒力を高め、根本的に病気を解消する治療法だと思う。

　由井寅子さんがやっているホメオパシーという自然療法がある。ドイツで二百年前に確立した療法で、由井さんはイギリスでその療法を体験して、日本での普及活動をしている。

　私も、妻に勧められ試してみたが、なかなか面白い。

　たとえば、手にイボがあったが妻から渡された砂糖玉（レメディーと言う）を一日、一粒飲む、二週間もすると、だんだんイボが浮き上がって来て、突然ポロリととれて、数年ぶりにイボの無い、きれいな肌になった。びっくりしたのはイボのあとが全く残っていないことだった。

　市販の治療薬「イボころり」を貼って見たり、自分で切開したりしたが、いつの間にか、また、イボができてしまうことの繰り返しだった。イボは良性のガン細胞だともいう。

　この体験から、もしかしたらホメオパシーはガンにも効果があるのではと考えたりする。ｐｐｍ（十万分の一）以下の微量物質が身体に及ぼす影響を体験するのも面白い。

　ドイツでホメオパシー（同種療法）を確立した医師・ハーネマンの難解な著書を読むと、少しだが、その療法の原理が理解できてくる。と同時に人間の身体が持つ能力の素晴らしさ、生きるためのしなやかさ（自然治癒力）が一層わかってくるようだ。

　ホメオパシー以外にも薬に頼らない療法が社会にはいっぱいあり、人体の不思議さを体験する。今は、薬に頼らない、お金をかけない療法を患者が選べる社会なのだ。

孫守りデイサービス

昨年末に八十歳になる母の記憶がちょっと怪しくなってきた。精神的なものからだと思うが、顔色も優れなかった。そこで、正月明けから母に昼間だけ我が家に来てもらい息子・正周《まさちか》(十か月)のお守りを依頼した。初めは面倒くさがっていた母だが、お互いに慣れてきたのか、母の顔色も良くなってきたように見える。息子も遊び相手ができて大満足といった感じだ。

孫とばあさまのゆったりとした時間

「孫守りのデイサービス」とでもいう取り組みが始まったが、生後十か月で体重十・五キログラムの孫は、母にとってはかなり物理的に重く、はい回る孫を抱えては、腰痛を訴え、寝込むこともあったが、未だに続いている。

日が高くなり、二人で昼寝をしている姿を見ていると何ともほほえましい。

孫とばあさんのゆったりとした時間がそこには流れている。老人介護とか、育児とか、そのようなものが何の障害もなく、膨大なお金(税金)も必要としなくて、ここでは丸く収まっている、そんな気がする。これが理想的なあり方ではないだろうか。

私も妻も「ばあちゃん子」なので、母には悪いが、もうしばらく孫守りをお願いしたいものだ。

備える暮らし

しいたけの駒打ち作業をする子供たち

年末に切り倒したクヌギの木を正月明けに一メートルの長さに玉切りして、晴れた日曜日に家族総出でシイタケの駒（種菌）打ちをした。私がドリルでほだ木に穴を明け、子供たちが種駒を穴に押し込み木槌で叩いて入れるのだ。

今年は二千個の駒を榾木《ほだぎ》に打ち込んだ。毎年、行っている作業なので、子供たちも段々と慣れてきた。そうして、菌を打った榾木は、日蔭の風通しの良いところに組み置きして、二年後にようやく、シイタケが生えるのだ。

一月になり、今年もまた新月伐採を行った。旧暦の二十五日から二十九日くらいの日に持ち山である「まなぶの森」の杉や桧を間伐するのだ。一本、一本、チェーンソーを使って、切り倒していく。切った木は、葉をつけたままの状態で自然乾燥させ、春に玉切りして、自家製材する。余った丸太は、丸太市場に出荷するが、大型機械で大量伐採した丸太も新月伐採した我が家の丸太も同じ金額で買い取られるのが現状だ。製材で出た端材は父がすべて薪として備蓄して我が家もそのおこぼれを頂戴している。製材した板や柱材は、倉庫で一年間自然乾燥して、ニワトリ小屋やヤギ小屋などに使う予定だ。

こうして、来年、再来年のための仕事を毎年、毎年こなしながら備える暮らしをしたいと思う。

送ることば

子供の頃、田舎の葬式は「チン、ドン、ガラガラガラガラーン」という鐘と太鼓とシンバルに似た楽器などをお坊さんたちが、鳴らしながら木で作ったおみこしの様な棺桶を村はずれの墓にもってい き土葬していた。棺桶は縦・横・高さ一メートルほどで、死者は座った状態で納棺する。

私の父方の祖母や松原の祖父の墓は、父が墓穴を掘るのを傍らで見ていたことを思い出す。(両親がとり婿とり嫁だった関係で私に祖父、祖母が三名ずついた)

大好きだった松原の祖母も「火葬は嫌だ」との遺言に応じて、父と土葬した。

葬式の時に、近所の女性などが涙ながらに、亡くなった人をしのび「あん人は、苦労するばっかりに生まれてきたようなもんじゃったね」と言う言葉をよく耳にした。

田舎の貧しい生活の中で、子を育て親を養い家庭を守っていくのに、何処の家でも苦労の連続だ。子供ながらに、もう少し楽しい人生は送れないのかと、その言葉を聞いていた。

五十歳を過ぎた今、この言葉を思い出すとき、実に意味深いものを感じる。

実は、この言葉は故人に対する賞賛の言葉ではないかと思えてきた。

先人が苦労して、山林を切り開き道をつけ、畑を開墾して田を耕し、そのような幾世代にもわたる苦労の蓄積があって、今日の農山漁村が形成されている。

苦労して、苦労して、生きて生きて、生き抜いた人生が累々と積み重なって、豊かな地域社会が形成されているのだ。

そのようなことを考えていると、「苦労するばっかりに生まれてきたような人」とは、実は本当にしっかりと生きた人なのだと思う。労を惜しまない生き方をされた方への賞賛だと思う。

認知症で、記憶があいまいとなった母の手を取ると、かつて、ガサガサしていた母の手は、柔らかく優しい手になっていた。

日曜日の朝は

我が家の日曜日は子供も学校が休みなので、朝はゆっくりしている。

朝、起きてきて、薪ストーブの灰をかき出して、すり切れた靴下などの古着を水につけて絞り、ストーブのガラスを拭くのだ。一週間で薪のヤニやススが付いたガラスにストーブの灰を少しつけて擦るときれいにとれる。以前は、外国製のガラスクリーナーをつけて拭いていたが、結果的にはそのようなものは不要だった。

目の前の灰が素晴らしいガラスクリーナーだった。灰は畑の肥料になる。こんにゃくを作るときの灰汁《あく》にも使える。薪は、間伐材や木造住宅の建築時に出る端材などを頂いている。焚《た》き付けは、子供たちが集めてくれた杉の枯葉。

きれいになったストーブに薪を入れ、杉の葉を入れ、薪を組み上げ、下からマッチで火をつける。杉の葉が燃え、やがて薪にも火が付く。やかんをかけて、天井扇を回す。

木材による暖房で、何一つ、無駄がない。

やがて、家族が起きだしてきて、ストーブの周りに集まり、着替えを始める。ニワトリとヤギにエサをやり終わると家族そろっての朝食となる。

子供たちは外の小鳥に負けないくらい、朝から騒がしい。

物々交換のつながり

以前からの知人で、有機農業などやっている全国各地の家族との間で、年に何回か、「お福分け交換」と称して物々交換をやっている。

要は、我が家で年に何回か、たまごとか鶏肉とかが余る日があり、その日のものを知人に「お福分け」と称して宅急便で送る。

と、向こうからそのお返しとして、愛媛からはミカンだのジャムやシロップが、長野からは干し柿、福岡からは玄米ポン菓子やお茶など、各地からさまざまなものがどっさりと送られてくる。

実に楽しい、宅配便を利用した物々交換である。

しかも、お金をかけていないのに、実感・交換レート（!?）がかなり高くて、家族中がわぁわぁ大喜びをするのだ。まるで、わらしべ長者か笠じぞうの世界に入ったように心わくわくとなる。

お金は、実に不自然なもので銀行などに一度預けたら、何年たっても悪くならないし、逆に少しだが利子がついて増える。

自然界では、あらゆるものが時間とともに朽ちるのに、現在流通しているお金だけは朽ちない。「資本主義」というものは、お金持ち優先主義といった方がわかりやすい。巨万のお金を持つ一部の資本家が社会を支配するシステムだ。お金持ちがますますお金持ちになるしくみを、お金を持たない一般市民が支持しないためには、「お金に頼らない生き方」をするか、地域通貨といった市民独自の通貨を利用するか、といった選択がある。

借金や保険などは実に悔しいことだが、お金持ちがお金を増やすのに加担することになる。だから、なるべく借金をしないこと。保険は最低限にとどめるような生活をしたい。

もちろん、お金に頼らない「物々交換」にも限界がある。でも、楽しくて、社会全体が喜べる。物々交換を増やし、お金に頼らない明るい生き方をささやかながら提案して行きたいと思う。

あなたも、楽しくてわくわくする「わらしべ長者」の世界を体験しませんか？

環境と人のつながりを考え続けて

「環境共育を考える会」という市民グループを一九九七年四月に福岡市で立ち上げた。

私は子供の頃から水俣病発生から始まる環境破壊と環境問題（公害）に関心があった。しかし、「環境保護」という言葉にはなかなかなじめなかった。

哲学者・内山節の語った「山と関わる暮らしを捨てた山村は、山村と言えるのだろうか」という言葉に触れて以来、その言葉が頭から離れない。

内山節は、山村でくらす人々が現金収入を得るための労働を「稼ぎ」、それ以外の労働を「仕事」と言葉の使い分けをしている事に気づき、その考え方に惹かれ、そこからいろいろと考えたようだ。

自然環境は単独では存在せず、また、単独の自然環境を語っても意味がない。人と関わる自然環境、人との関わりの中で自然環境を見なければならないと主張する。全く同感である。

荒れ果てた杉・ヒノキ林を見て、自分の心のようだと思ったこと、荒れ果てた耕作放棄地を見て、むなしさを感じたのは、私だけではないと思う。

今、老体に鞭打って田畑を耕している人たちの後に続くものは、はたしているのだろうか。山との関係を断ち、田畑との関係を断ち、海との関係を断ち、人はどのようにして生きて行くというのだろうか。食糧自給率四〇パーセント台のこの国は、果たして独立国家と呼べるのだろうか。

冒頭の内山節の言葉と重なってしまう。

食べることよりも、寝ることよりも、生きることよりも、「稼ぐこと」を優先する社会は、人が自然と乖離《かいり》してしまった社会ではないだろうか。

その乖離自体が環境問題の本質ではないかと思う。

米作りをやめた人から「コメは自分で作るより、買った方が安い」という言葉を聞く。

自らコメを作るとその労働と収穫された米の価格を比較してしまう。「稼ぎ」と「仕事」は本質的に異なるもので、それは本来比較できないはずのものが、「価格」という貨幣で換算されて、「稼ぎ」と「仕事」の境が無くなってしまう。

そのことで、自らコメを作ること（自立すること）を非効率的な労働と判断されてしまう。農林水産業は、私たちの命を維持するための大切な産業であり、基本的不可欠な労働である。人と自然の結びつきを失った、人と自然が乖離した社会は「いのち」の生業を見失ってしまっているのではないかと思う。

そのような人に呼びかけていることがある。アパートの窓辺でも、近くの空き地でも良いから、とにかく自分で食べられるものを育ててみて下さいと。カイワレ大根でも、モヤシでもよい。そうして、その実でも、葉でも、根でも、食べてみて下さい。

そこから、人と自然の結びつきを取り戻して行ければと思う。

私たちの身体も心も自然と一体であることを感じたら、心から安心できるのではないだろうか。

私たちが本当に欲しいのは「安心」であり、それはお金では到底買えないものなのだ。

３ＤＳというゲーム機

昨年の十月号の通信「いのちき」で、「子供にはゲームを買わない」と宣言したが、いつの間にか、妻と息子の間で話が進み、小遣いをためてゲーム機を購入すると言う。

息子が自分の働いたお金でゲーム機を買うことには、あえて反対をする理由が見つからず認めたのが失敗だったと後悔している。ゲーム機を購入することは、長男一人の問題ではなく、次男、三男にも及ぶ重大な問題であるということを認識していなかった。「三男・正周には絶対にゲーム機は見せるな」という命令はむなしいものがある。

ゲーム機の悪影響について、購入を認める前にきちんと説明すべきだった。

現在のゲーム機は、実に高性能で「スマホ」と全く遜色ない性能を持ち、コンピュータネットワークにつながる。ネットワーク環境に何の知識もなく漕ぎ出すことの危険性を知らないのだ。

ネットワーク環境を息子にどのように教えるのか、新たな課題が出てきた。

ゲームなどしなくても、もっと現実的な生きる力を身に着けてほしいと思う。

子供たちには、「うそをつくな」「正直に生きろ」「約束は守れ」と言っているにも関わらず、ネットワーク環境や実社会では、「知らない人を信用してはいけない」とか、「CMとか、報道に騙されるな」と何とも、情けない社会の実情を説明する。

自分でも、この相矛盾する現状にやるせない思いである。

しかし、私が考えている以上に子供たちの環境適応力はすごいものがある。

父として課したことは、「3DSゲームは早朝やること」。

それ以来、子供たちは、何の苦も無く、早起きする生活が始まった。

二〇一四年の収支

三月に二〇一四年の確定申告を行った。

二〇一四年はたまごの売り上げが二百八十万円。大学勤務時代から続く電子機器の設計・組み立てと農家民宿で五十万円、合計三百三十万円の収入があった。これからエサ代やガソリン代など必要経費が、なんと二百六十万円。差し引き、七十万円の粗利益となった。これを夫婦二名で分け合うと一人三十五万円弱の収入となる。一日いっぱい働いて、一日あたり千円の給料といった感じである。

一日二千円で暮らしていけるのかと聞かれると、妻にも確認したが二〇一四年は何とか、暮らしていけたとのこと。お金をかけない、慎ましい家計のやりくりと田舎ならではの暮らしぶりだからこそ、やって行けるのだと思う。

今年は、経費を節約して利益を確保したいと思うが、その矢先に鹿に畑を荒らされ、鹿、猪に備えるための電柵設備に支出が必要となった。また、こつこつと小銭を稼ぐしかない。これが堅実な生活で、それしかなのだ。

本当に、たまごを買ってくれる方やいろんな方に支えられる生活だ。

「たまごが売れて、儲かっているだろう」との冷やかしの言葉を聞くが、現実は厳しいものがある。しかし、本当に皆さんに支えられて、何とか生きている。まさに感謝の日々だ。

「自然養鶏では絶対に儲からない」との先輩の言葉。そんな余分なお金があったらもっとニワトリが快適に暮らせる環境にお金を使いなさいとの教えである。全く、その通りでニワトリに支えられて生きていることも事実である。

四月で松原農園が開園して四年目に入る。当初、何もなかった場所にニワトリとヤギと子供たちとみんな元気で、賑やかな生活が続いている。

ネット通販詐欺

我が家のプリンターの調子が悪くなって、なかなか直らない。それで、プリンターを買うことにして、家電量販店に行き注文した。一週間程度で届くとのことだったが、その後電話があり、納期が大幅に遅れるということでキャンセルした。そして、ネット通販で買おうと探した。

たまたま、ネットで見つけた会社に在庫を確認すると「在庫有り、二十四時間以内に発送する」との連絡があった。納期がのびのびの他のお店と比べ、「即納」は魅力だった。

その連絡を鵜呑みにして、指定口座に代金を振り込んだが、その後、その会社から商品を発送したとの連絡が来ない。会社に問い合わせても、返事がない。もしかして……。

ネットで通販詐欺被害のサイトを読むと、今回の私の場合は詐欺にかかったようだ。

警察に連絡すると、「延岡警察署にご本人が来てください」とのこと。

翌々日、たまごの配達を済ませて、警察署四階の刑事二課に伺う。

警察署内はまるで迷路のようになっていて、取り次いだ男性（刑事さんかは不明）は、廊下にずらりと並ぶ、取調室の一室に私を案内した。

取調室は広さ六畳くらいで、防音加工が施され、スチール机が一つ、椅子が四つあり、ドアの窓はマジックミラーになっていた。

こんなところで、外から施錠されたら、それこそ、発狂しそうだ。

担当者はほかの仕事があり、結局対応してくれた男性が調書を作ることになった。これだけパソコンが普及しているのに調書は今も手書きで作成するというのは、びっくりだった。

調書の最後に「被害届は出しません」という一文があった。

この文の説明を聞くと、とても、あいまいで、今回の代金振込先の口座凍結措置をすることで、残金が残っていれば返金があるかもしれないとのこと。また、この手のネットを利用した詐欺はほとんど犯人を特定することができないとのことで、そのことと「被害届を出さない」こととの関係を明確に説明してもらえなかった。

これ以上、取調室でもたもたしていても、かわいいニワトリや愛する家族が私の帰りを待っているので、早々に切り上げて警察署を出て帰宅した。

私の勝手な想像であるが、被害届を出すことによって、警察の仕事が増え、検挙率が下がることを嫌ったのか、それとも保険金殺人なみのすごい組織が一連の振り込め詐欺事件を取り仕切っているのか、など警察の納得のいかない対応にいろいろと考えてしまう。

「だまされる方が悪い」という言葉がある。だが、これは絶対に違うと思う。

どう考えても、「だます方が悪い」に決まっている。日本には多くの海外にないものがある。

それは自動販売機の存在が示すような「良心」の社会なのだ。無人販売ができる心豊かな国なのだ。

これこそが日本の宝であり、海外に誇れる一人一人が持つ良心の文化だと思う。

ネット社会は世界に開かれていて、その意味で日本の良心文化は通用しないことを認識した。

集落で一軒だけの（早期）米作り

今年の春は異常だった。

四月になっても、田んぼの脇の水路に水が流れない。

いつもは、三月下旬になると、田んぼは代掻《しろか》き作業であわただしくなるが、今年はその光景が四月になっても見られない。

苗を作り、しびれを切らして、地域の方に聞いて見ると、なんと、今年は皆さん米作りをしないとのこと。腰を抜かさぬばかりの衝撃だった。

この地域の農業を中心とした持続可能な社会の構築をしたいとの意気込みで、新規就農した私にとっては、厳しい現実を突き付けられた思いである。

とにかく、田んぼに水を入れて、トラクターで代掻きをすると、待っていたように一斉にカエルやイモリやトンボが私のお借りしている田んぼに群がる。

米作りは、単に人間がコメを作るだけではなく、営々と営んできた自然環境を含めた多種多様な生き物たちとそこに生きる人間との結びつきを具体的に見て取れる行為だと改めて認識した。

「一軒だけになっても米は作り続ける！」。一人トラクターに乗って、叫びたい気持ちだった。

集落全体で約二十ヘクタールの耕作面積があり、そのうちの二十アールを我が家は担当している。

そして、今年が米作り面積を最少値にしたいと思う。二十アールから徐々に増やし、将来的にはかつて私が子供の頃に見た風景に近づけたいと思う。

四十年前、集落のほとんどの人が自ら田を耕し米作りをしていた。

近くの山に登ると、春は茶色から始まって、薄い緑、濃い緑、黄色と色を変えて行き、米を収穫していた。大人も子供もとにかくよく働いた。

そして、千名以上の人口をこの土地が養っていた。

今、耕作放棄された先祖伝来の田畑にゴミを持ち込み、将来の子供たちにゴミの処理まで押し付けて、私たちの心は痛まないのだろうか。先祖は悲しまないだろうか。

神を殺し、仏を殺し、人の良心までもむしばむものとはいったい、何なのだろうか。

水の入った田んぼでトンボはたまごを産み終わり、死んで行った。

その姿を見た時、来年も私は米作りをしたいと思った。そして、このトンボのように生きたい。

直球勝負

松原農園の通信「いのちき」は当園とご縁のある方に毎月、たまごと共にお配りしている。

「まぁ、いのちき。ありがとう」「楽しみ」「ファイルしているよ」とお読みいただいた方から暖かい言葉を頂き、それを励みにちまちまと書き続けている。

妻からは「もっと、面白いこと書いたら……」などと言われたりする。

だが、いつも思うことがある。

私は野球をほとんど知らないが、元プロ野球投手でロッテの村田兆治だけはなぜか好きだった。「直球勝負」と言って、独特の「マサカリ投法」で豪快に投げ込む意気込みが素晴らしい。

村田さんの持ち球はフォークボールだそうだが、なぜか私のなかでは「直球勝負」の言葉が村田兆治の代名詞として固定されている。

「いのちき」も村田さん同様、「直球勝負」と行きたい。

書きたいことを書いて、伝えたいことをストレートに書いて、皆さんがどう読むか、それだけで、いつも真剣に書きたいと思っている。

と言いつつ、たまには、笑いの取れるものをと思うのだが、まぁ、私の人生そのものが「お笑い」なのかもしれない。いつか、村田さんのように切れの良いフォークボールで落としてみたいものだ。

農とのかかわり

今年も田んぼが草で覆われ、苦戦が続いている。自分の準備不足がこの結果を招いたことは明らかで、来年以降の準備作業の段取りを考え直している。そんな草ぼうぼうの田んぼを見て、地元の方々からいろいろと心のこもったアドバイスを頂き、胸が熱くなる。

その昔、熊本県のスイカの名産地として知られたところで、化学肥料を永年にわたって大量散布したことによって地下水汚染が広がり、各戸の井戸水が飲めない状態となった。そのことを機に、この地は無農薬・有機栽培が盛んとなった。

九州は春から夏にかけて、雨が多く降る多雨期となる。二十年ほど前の話だが、この時期に地元・森林組合が林道工事を行っていたので、私は即刻工事中止を森林組合とそれを監督する宮崎県に申し入れた。（多雨期の工事は、土砂崩れや表土流失を誘発させ、河川を汚濁させ、森林を破壊する行為となる）森林組合としては、通年で仕事を確保するための手立てだと言う。

三十年ほど前に地元の漁業組合に勤めていたことがあった。漁が無い日に、岸壁の掃除をしていると私をからかうように、目の前で空き缶を海に投げ込む漁師があった。

お金社会が発達した現在、自分たちが何をよりどころとして生きているのかが分からなくなってしまっているのではないだろうか。

海をよりどころとしているはずの漁師が海を汚し、山をよりどころとしているはずの林家が山を壊し、田畑をよりどころとしているはずの農家が田畑に毒を撒く。

その背後に、大多数の消費者がその行為を善しとしていることも大きな要因の一つだと思う。

「まなぶ、そんなことを言っても、草取りしている子供たちがかわいそうだろ」と田んぼの傍らで優しく諭してくれる言葉に一人、涙する。

草をとって、石を拾って、牛糞堆肥を撒いて、時には、カエルを捕まえ、イモリと戯れる。

そうやって、田んぼに接し続けていることで、見えてくるものがあるのではないだろうか。

一番大事なものは何か。それは理屈でもなく、おそらく言葉でも表せないことで、経験を積み、観察と思考を積み重ねることで得られるもののような気がする。

もちろん、豊作を願い、そのための工夫と努力を怠らないようにすることは、農業を営む上で最低限の私の責務だろう。

今、この瞬間は、次の未来に確実に影響を与える。

『カオス』という言葉で表されるように、この社会は、短期予測はある程度できるが、長期予測は不可能な社会である。

蝶々の羽ばたきによって発生した小さな渦が、台風の渦にまで発展する可能性を持っている。

本当に大切なものは何なのか。一人一人が明日をあきらめずに、未来の子供たちに何を残せるのかを考え、行動することが大切だと田んぼの中で思った。

獣に負けない体制づくり

春になり、菜の花が咲き、ニワトリたちの産卵率も上がってきて、ようやく念願の日産二百個体制になれるのかと期待していた矢先に、鶏舎のニワトリがイタチやカラスに襲われた。

その恐怖からだろうか、産卵率が急落し、予定していた鶏肉の販売も夏まで延期とした。

耕作放棄地とその対策としての牧草栽培など、鹿やイノシシなど野生動物のエサ場が増え、野生動物の増殖につながっているのかもしれない。

また、飼い犬に首輪をつけて、つなぎ止めていることも、野生動物にとっては自由に動ける環境となっているのだろう。

田植えや夏野菜の植え付けがが終わり、久しぶりに家族そろってレストランと買い物に出かけた。

その隙を見計らってなのか、普段見かけないサルの一群がジャガイモを引っこ抜き、まだ小さな新ジャガを食い荒らしていた。

それは春先に、家族総出で植えたジャガイモなのだ。

妻は、あきれ果て、私は今年も黙々と抜かれたジャガイモを植え直す作業を続けた。

野生動物の食害は、物理的被害もさることながら、農家の作物を作る意欲も根こそぎ持ち去っていく。この精神的ダメージの方がはるかに大きいのではないかと思う。

植え直されたジャガイモに妻は「ど根性・ジャガイモ」と命名してくれた。

耕作放棄地が広がる中での農業は、作物の生育以外に、野生動物の被害をいかに防ぐかが収穫までの重要な要素となっている。

夜、外に出ると、鹿の群れが悠然と歩いている。

人を恐れない鹿の姿に、社会の変化を感じる。

人を恐れないサル。人家の庭先に出没するイノシシと鹿。

これまで六十センチメートルだった電気柵を高くして備え、さらに、畑の上にテグスを張る。

動物も私たち人間も共生して生きられる世界。その世界を夢見ているが、そのためには、やはり、野生動物とのすみわけが大切だと思う。

言葉が通じない野生動物たちとの間に、どのような境界を作り認識させるか。試行錯誤は続く。

ゆでたまご

たまごを買って頂いているお客さんから「お宅のたまごでゆでたまごを作ろうとしたのですが……」という話を頂いた。

結果から言いますと、当園のたまごをゆでたまごにするには、一週間程度、生たまごのまま、保存しておき、それからゆでたまごにすると良いです。日にちをおくことです。

生みたてのたまごをゆでたまごにしようと、私もいろいろとたまごの殻に小さな穴を空けたり、ゆで上げて急速冷却してみたりしましたが、なかなか、薄皮が白身と一体となってうまくたまごの殻がはがれなくて、きれいなつるつるお肌のゆでたまごになりませんでした。

地元のスーパーや道の駅に出品して、賞味期限（二週間に設定しています）が過ぎて返品されたものをゆでたまごにすると、うまくゆでたまごになります。

この結果から、我が家では返品たまごがあるとき（今はほとんどないが……）には、喜んでゆでたまごにしています。

また、当園のたまごは無洗浄です。

無洗浄の証拠は、たまごを濡れた手で持つとすぐにわかります。濡れた手で触るとたまごの表面がぬるりとします。これが、親鳥がたまごを産み落としたときにできる保護膜です。

水溶性なので、水にぬらすとすぐに溶けます。

冷蔵庫などに入れてたまごが冷たいままの状態で食卓などに置くと、空気中の水分がたまごの表面について、保護膜を溶かして濡れ手と同様にぬるりとした感触になります。この感触が苦手な方は、ご購入後に一度、たまごを流水で洗うとぬめりは無くなります。

大規模な養鶏場では、産み落とされたたまごは「キッチンハイター」と同じ成分の次亜塩素酸ナトリウムの溶液につけて洗浄するとのことです。

当園では、そのような薬剤洗浄によって、たまごの中に洗浄剤などが混入する可能性を危険視して「洗浄しない」無洗浄を選んでいます。

産み落とす時にできる保護膜がたまごの新鮮さを保つとも言われています。

もちろん、表面の汚れは乾いたタオルで拭き、どうしても落ちない個所だけは、ぬれタオルで汚れだけを落とすようにしています。

お客様には大変申し訳ありませんが、無洗浄なたまごなので少し汚れが付いていることもありますので、たまごを割るときには、平らな机などで割って下さい。とがった角などにぶつけて割ると殻がたまごの中に入ってしまいます。ご注意ください。

たまごは呼吸をしています。ですから、日々刻々と変化して、数か月もすれば腐ってしまいます。

何をもって安全と言うのか、なかなか難しいことですが、目に見えない化学薬品より、目に見える土の方が害は少ないと考えています。

ご理解のほど、よろしく、お願い致します。

生かされて生きる

時々、仕事に疲れ、人生を振り返ることがある。

結婚する前の年に、浄土真宗・本願寺派（西本願寺）の通信講座を通して、仏教の勉強を始めた。その前には、キリスト教や道教、座禅、山岳密教など、独学でちまちまとやっていたのだが、「浄土真宗は戒律が無いのよ」と通信講座を私に勧めて頂いた女性僧侶の方の一言で、六年間の通信講座が始まった。何とも、仏教を勉強するにはあまりにも動機が不純なのだが……。

その講座で、いろんなお坊さんから講話を聴く機会に恵まれた。

そんな中で、「この世の中で、生まれたい、生きたいと思って生まれた人はいない。一方において、死にたくないと言って死んでいった人たちはたくさんおる。生死の話は、私の知らないどこか大きな力によって営まれているものではないだろうか」という意味の話に接した。

私自身、人生の中で幾度か、一つ間違えば死んでも不思議でない出来事があり、それでも今現在、こうして生きている。

また、結婚にしても「世界一の伴侶を」と求め求め続けて、二十年が過ぎ、四十歳を過ぎて、もう半ばあきらめかけていた時に妻に出会い、こうして結婚し、素晴らしい子供まで授かった。

これはもう、自分ひとりの努力（自力）だけでは説明が付かない。大いなる力（他力=仏力）によって生かされているのではないかとの見方ができるようになってきた。

これもまた、仏教の通信講座という機会に、偶然にもめぐり合って開眼されたものだと思う。

現代社会は「自助努力、自己責任」と自分主義、個人主義の考えが主流となっているが、そのことによって、自分で自分の首を絞めかねない状態となっている。自身がどこから生まれ、何処に行くのか、その問いを深めることから自らを救うための道が見えてくるのではないかと思う。

自己を追求していくと根本的な「矛盾」の壁にぶち当たる。その壁を乗り越えるための叡智、先人たちの思考の積み重ねが、仏の教えとして今日の私たちにもたらされているのではないだろうか。

生死の事は、みほとけ（大いなる力）にお任せして、私たちは只々感謝の日々をおくればよいのではないだろうか。

そう考えると、鳥も虫も草木も大地も空も目に入るものすべてが光輝いて見えてくる。

仏説阿弥陀経というお経に説く、浄土の世界（仏の世界）と重なって見えてくるのだ。

この世を一つ一つの命が輝きを放ち、自由闊達に一日一日を送れる社会（仏国土）にしたい。

働き者の里

一九六二年（昭和三十七）生まれの私は、高校生になると親元を離れ、下宿生活を送った。

だから、ふるさとでの記憶は、小中学校を過ごした、一九六八〜一九七九年の、僅か十二年ほどのものだ。

しかし、そのわずかな年代の体験記憶は、今も私の中に鮮明に残っている。

机の上での勉強などはほとんど忘れているが、体験したものは一生記憶として残ると思うのは、私だけではないと思う。

その意味でも、我が家の子供には、これから様々な体験をしてもらいたいと思っている。

私の子供の時代は集落の人たちは本当に働き者だった。別に今の人が働かないということではなく、子供から大人まで、田畑に海に山にとよく働いた。

リアス式海岸で入り江毎に集落がある北浦町の海岸部は、古江、市振、宮野浦と三つの集落がある。集落の耕地面積やその他の条件によって、農業を中心とした集落だったり、漁業を中心とした集落だったりと変化に富み、また集落ごとに言葉も風土も食習慣も違うといった独自性があった。

その中で私の郷里・市振は、良港に恵まれた漁師の集落であり、海での漁と自給のための農業、薪をとるための林業とすべてがそろった集落だった。

山を切り開いた段々畑は「ひらき」と呼ばれ、牛に鍬をひかせて耕し、サツマイモなどを植えていた。農地の土地改良が進み、畑は区画整理された田んぼにと変わって行った。

春になると、村中の子供から大人まで田んぼに出て田植えをし、夏の炎天下の中、稲刈りをしていた。冬には山に入り、煮炊きや風呂に使う一年分の薪材を切りだし、庭先や広場で細かく切って薪とした。貧しかったが豊かだった。

祖母は言う。「まじめに働きさえすれば生きて行ける。まじめが一番じゃ」とその言葉通りの社会で、人々は本当にまじめに働き、海・山・田畑に足しげく通い、自然の恵みを享受し、たくわえ、備えを怠らなかった。勤勉さが地域社会を支えていたと思う。

来日した中国の人が「耕して天に至る」と感嘆した段々畑の風景、日本のいたるところで見られた勤勉な農民の努力の蓄積が形となって現れたのがこの棚田（段々畑）の風景だろう。

その風景が、徐々に日本から消えていく。

私が子供時代に見た風景は、まさに、この棚田の風景であり集落中の田畑が耕され利用され、子供ながらにその風景を美しいと思った。

貨幣経済が浸透し、自然と向き合う「仕事」から貨幣を得る「稼ぎ」へと生活形態が変化したが、貨幣は人が作り出したものでその根底に危険性があることを考えて、備える必要があるのではないだろうか。

世界で一番のナマケモノである私がこのようなことをいうと呆れられるが、自然と人の結びつきを今一度問い直し、貴重で身近な自然に積極的に楽しく働きかけることによって、自然から安定的に食糧とエネルギーを得ることによって、真の豊かさを享受しあう地域社会ができると思う。

農山地をよみがえらせ、人々が食料とエネルギーといった自然からの恵みを得ることで、外からの支配を逃れ、自由闊達な地域づくりができるのではないかと思う。

ニワトリのフン

毎日、ニワトリたちの世話をしているが、見てほれぼれする立派なフンを見つけるとそれだけでうれしくなる。

ニワトリは雑食性だが、毎日、毎日、緑餌は欠かせない。

実に驚くほど、青物（野菜や草）を食べる。

そうして健康なニワトリは立派な糞をする。その糞は濃い緑色で表面が白くなっている。恐竜から進化したと言われる鳥類は、空を飛ぶという特技を身に着け、永い年月生き延びてきた。手はないが翼を持ち、歯は無いがくちばしを持ってなんでも突いて食べてしまう。また、空を飛ぶために食べ物は素早く消化して残りを糞として排泄する。

そんな鳥はおしっこをしない。その代わりに尿酸として、糞と一緒に排泄する。糞の表面が白いのはその尿酸のせいで、ニワトリの糞が緑なのは、緑餌として与えている野菜や草の繊維がびっしりと入っていて、まるでジューサーで野菜などを絞った後の様な感じになっている。

これを踏んだり、かき混ぜたりして鶏舎の中の土と一緒になって、濃厚な鶏糞となる。

先ほど土と書いたが、正確に言うと、鶏舎にニワトリを入れる時、鉋《かんな》屑や鋸《のこ》屑、もみ殻などを分厚く敷き詰める。その時には、土はほとんど見えない状態となっている。

そうして、二年間飼育すると、毎日毎日の鶏糞と餌の残りなどが自らの足でかき混ぜられ、においの無い有機物をたくさん含んだ鶏糞肥料となる。

当園では、この鶏糞を畑や田んぼに肥料として入れ、作物を育てている。

三年目にして、ようやく、完熟の鶏糞肥料が定量・定期的に手に入るようになってきている。これを如何に効率よく循環させていくか、ヤギやニワトリなど家畜を取り入れた農業の形が徐々に形作られてきた。

賭博と保険

私は祖母から「博打だけはするな」と言われて育った。

そのおかげで、パチンコは一回（五百円）だけ、競馬も佐賀競馬を一回だけ、賭けマージャンは「カップラーメンの争奪」といったかけごとしかしていない。

何故、賭け事がいけないのか、自分なりに考えてみた。いろいろと理由はあると思うが、賭けに勝っても負けても「悪銭」を生み出す行為以外のなにものでもなく、だれからも「感謝」されない行為であるからだと思う。

日本では、表面的には「賭博は禁止」と刑法にあるが、パチンコ、競馬、競艇、競輪と賭博ＯＫの世の中になっている。先日はたまたま、テレビでサザエさんを子供たちと見ていて、宝くじのコマーシャルが流れていることにショックを受けた。

笑ってしまうのは、競馬は農林水産省、競艇は国土交通省、競輪とオートレースは経済産業省、スポーツ振興くじは文部科学省とそれぞれ監督官庁が違うそうだ。ちなみに宝くじは総務省。この構図はどうだろう。

賭博を取り仕切る胴元からお金を巻き上げ、天下り先を確保するという官僚の構図が見えてくる。

保険のルーツをたどると、イギリスの海運業にたどり着く。船が難破したり、海賊に襲われたり、何らかのトラブルに遭うか遭わないかという賭け的なものから始まった。

現在では、保険と賭博は明確に分かれている。その違いは、被害を蒙る可能性のあるものだけが加わることのできるものが保険と呼ばれ、それ以外は賭博となる。

先日、子供が学校でもらってきたという、ある団体が主催する野外体験プログラムの案内チラシに「安全を確保するために保険をかけています」との一文があり、言葉を失った。安全を確保するのは保険ではなく、あくまでも主催者の配慮、努力ではないのだろうか。それでも、万が一という事態に備えて、保険をかけるのは主催者として当然のことであり、保険は事故や被害があった場合のセーフティーネットであり、主催者の安全確保とは別の次元のものだと思う。

たまご販売、千日

二〇一三年一月一日の正月から松原農園はたまごの販売を開始した。以来、二年と九か月、今年の九月末で、たまご販売千日を迎える。もちろん、ヒナの飼育は、二〇一二年六月末からで、ニワトリの飼育は既に千日を超えた。僧侶が行う難行の千日回峰行とは比較にならないけれど、それでも、続けていくことの大変さは通じるものがあると思う。

千日は一万日にたどり着くための一里塚なのかもしれない。そうして、一万日にたどり着くころには、当園を含めた社会はどのようになっているのだろうか。

毎年三百羽程度のヒナを育て、ニワトリが毎日たまごを産み、これを皆さんに買って頂く。まだ、まだ、安定した養鶏には程遠い状態だが、徐々にニワトリが育ちやすい環境を整えて行きたいと思っている。

八月に入って二月に導入したヒナが成長し、たまごを産みはじめた。若い雌鶏は高さ二メートルの柵など簡単に飛び越えてしまい、毎日、庭先や畑で虫を取り、草をついばみ悠々自適な生活をしている。

そんなニワトリを横目で見ながら、完全に自由な放し飼いはできないものかと思案している。

星空

今年の夏も、いろんなご家族が当園に泊りに来られ、農園もにぎわった。

そんな中、関東から来られたお客さんが、我が家の庭先で夜の星を眺めて「ワーッ、プラネタリウムみたい！」と言う言葉を聞いて、思わず笑ってしまった。

そう思うのも無理はない。我が家の庭先で星空を見るとうっすらと天の川が見えるのだ。

毎年、お盆のころにはペルセウス流星群があるので、よく、長椅子を庭先にもち出して、その上に寝転び全天を寝ながら見つめ、流れ星を見るのだ。

さまざまにきらめく星々を見つめているとゆっくりとだが、星が回転していることがわかる。

福岡時代には、知り合いの子供たちをひきつれて九重のキャンプ場に行き、各人にあらかじめ用意させた段ボールを放射状に敷き並べ、頭を中心に向けて寝そべり流れ星を探した。運の良い時には三十分で五十個もみつけたこともある。寝転んで星を眺めていると、星の世界に吸い込まれる思いがある。

何万年、何億年の時を経て、今私の目に飛び込んできている星の光。それは、はるか過去からの光であり、時空を超えて重なり合って私の目の前に広がっている宇宙。この宇宙を眺めている私の存在自身もじっと見つめていくことで、果てしない宇宙に溶けだしていくようだ。

うっすらとした天の川の流れの中に見える星々も、実は天の川の光の向こうから天の川を貫いて私たちの元に届いている光なのだ。

そんな無数の星々とともに生きる今を大切にしたいと思う。

そして、子供たちとも広大に広がる宇宙の話をじっくりとしたいものだ。

歩いて延岡へ

走ることは不得意だが、歩くことに関しては自信があると思っている私にとって、子供たちに歩く勇気をつけてほしいとかねがね思っていた。

あっという間に夏休みが終わった土曜日、小雨の降る中で小学三年生と一年生の二人の息子と連れ立って、三十キロメートル離れた延岡市街地まで徒歩で行く計画を実行した。

ニワトリやヤギにエサをやり、自分たちも朝食をとり、妻が作ったくれたヤギ乳ジャムのサンドイッチとバナナと水筒を持っていざ、出発。

延岡市街までは、リアス式海岸の起伏にとんだ入り江の集落をいくつも通らなければならない。

私の子供時代は、岬の山を一つ一つ超える山道が続き、バスでも二時間以上かかる道だった。それが現在、九つのトンネルが山を貫き、道を平坦にし、曲がりくねった道は、広くまっすぐになり、自動車で三十分の距離となっている。

とはいうものの、そこを歩いて、この息子たちがどこまで我慢して歩くか、全くわからなかった。入り江集落を過ぎるたびに、「バナナ休憩」などと称して、休息しながら歩いた。

昼近くになり、さすがに疲れが出たと見えて、「もう歩けない」と言い始めた。

近くの公園まで歩かせ、そこで昼食をとり、遊具で遊んでいると元気を取り戻した様子。

そこで、せめて全行程の半分でも歩かせたかった私は、「せめて、半分の浦城《うらしろ》まで歩こうや」と提案すると、また、息子たちは歩き出した。

長いトンネル（九百四メートル）を抜けると中間地点の浦城集落である。

昼食をとって、気分が良くなったのか、最後の難関、川島トンネルに向かう峠道を登り始めた。

標高百五十メートルのトンネルまでの長くて急な登り道が続く。

息子たちを励ましながら、どうにかトンネルの入り口まで来たとき、三人で万歳をした。もう、上り坂は無く、ここから延岡市街までは下り坂である。

そして、永くて狭く、暗い川島トンネルを抜けると遥か眼下に延岡の街並みが見えてきた。ここでも、万歳三唱。二人の息子の頑張りを褒め称えた。

坂道を下ったところで、妻が車で迎えに来たので徒歩での挑戦はここで終わった。

自宅から歩いた距離二十キロメートル。延べ五時間の小雨の中での徒歩《かち》歩きだった。

落書き

三男・正周《まさちか》が一歳三か月を過ぎて、つかまり立ちからよちよち歩きとなり、今ではドタバタと傍若無人に家の中を歩きまわるようになってきた。

そして、手の届く範囲のあらゆる物を引っ張り出して、そこら一面に広げてくれるようになった。

それに伴い、家の中の壁や柱に彼の落書きが目立つようになってきた。

手にボールペンやクレヨン、マジックを持つのを目撃するなり、素早く取り上げるようにしているが、落書きは減るどころか、なんと、今度は押し入れの中にまで拡大されている。

そういえば、福岡からこちらに引っ越す前のアパートでも、子供たちが書いた壁の落書きを落とすのに大変だった。この時も、押し入れの白い壁に青いクレヨンで書いた落書きを消すのにずいぶんと手こずった覚えがある。

家を新築し、二人の男の子の対策としてふすまや障子を使わない設計にしたものの、三男の落書きに悩むことは全く「想定外」の出来事だった。

今のところ、客間だけは彼の落書きが及んでいないことがせめてもの救いだ。

親としては、早く、落書きの年頃から脱してほしいと願うばかりだ。

楽しそうに落書きしている息子と脱走を繰り返すニワトリと、どちらも幸せそうな姿に頭を抱えるのだ。

ゆりかご

三男が一歳半となり、靴を履いて庭で遊ぶようになった。逆に家に置いてけぼりにされると泣き出す。仕方がないので、家の前の畑で仕事をするときにも、サンバー（軽自動車）に乗せて、畑の脇に止めて仕事をするようになっている。

そういえば、昔は私も天秤棒の両脇に直径八十センチメートルほどの竹かご（担ぐカゴという意味で「カタッカゴ」と呼ばれていた）の中に乗せられて畑に行っていたような記憶がある。竹かごには座布団が敷かれ、その中に子供が乗り、もう片方のかごには、クワや鎌や水筒などが入っていた。段々畑のジクザクな小道をかごに揺られて登って行く。そうして畑の畔で一日遊ぶのだ。ゆったりとした時が流れていたと思う。

今では、ゆりかごという言葉がさすものは、動揺式ベビーベットだが、昔は本当に、竹のかごが揺れる、まさに名が示す通りのゆりかごが存在していたことに気が付き、笑ってしまう。

我が子も、私の子供時代と同様に、ゆったりとした時間の中で、元気に庭先や畑で過ごしてほしいと思う。郷里・北浦町に引っ越して三年が過ぎ、子供も一人生まれた。妻は就農して、毎日私がそばにいる環境が、子育てをぐっと楽にしてくれているという。

親子、祖父母、親戚や地域の皆さんに育まれた大きなゆりかごで、すくすくと子供たちも育ってほしいと思う。そうして、この地域が醸し出すゆりかごを大切に守って行ければと思っている。

毛《け》無《な》い鶏《どり》

自然養鶏を始めて三年が過ぎ、皆さんに安全・安心のたまごと鶏肉をお買い上げ頂き、私たち家族は暮らしていけている。ひとくちに「安全・安心」と言っても、その担保はどうしているかと聞かれたらと自身で自問自答し、答えとして導き出している経営方針としては「公開性」である。

いつなんどき、来園者があっても、当園の営みが見られるようにしている。

「関係者以外立ち入り禁止」などとして、人を排除するのではなく、いろんな人から常に見られることによって、不正、秘密などの温床となるものを断ち切る経営をしていこうと思っている。

そんな中、当園のニワトリたちに毛が無いニワトリ（これを私たち夫婦は「毛無い鶏」と呼んでいる）が発生している。ニワトリは、餌を食べ満腹になると毛繕いをしたり砂浴びをする。その食後の砂浴びに夢中になっているニワトリの柔らかな羽毛を傍から来たニワトリがつついて食べるのだ。おかげで砂浴びが好きなニワトリは、お尻からお腹にかけての柔らかな羽毛を食べられ、毛のないニワトリとなってしまう。ニワトリの毛は、抜けたからといってすぐに生えてきたりしない。絶食や季節の変わり目を含めた何らかの刺激によって毛が生えてくるらしいので、毛を食べられたニワトリは、多くの場合、そのままの状態となっている。それを見学に来られた方は「ニワトリがかわいそう」と言う。

もちろん、私としても、さまざまな手を使って、「毛無い鶏」をなくそうと努力しているのだが、なかなか、完全になくすまでには至っていない。

毛を食べる現象については、タンパク質不足とかストレスとか、くせとか、いろいろと言われているが、良くわかっていない。まぁ、とにかく元気であれば、いつかきっとなくなると信じている。

政府は必ず嘘をつく

堤未果さんの著書『政府は必ず嘘をつく』（角川新書）という本を是非、皆さんに読んで頂ければと思っている。彼女は、二〇〇一年九月十一日、ニューヨークの世界貿易センタービルに航空機が衝突したときにアメリカにいて、一連のことを現場で見て、「おかしい」と思い始め、大手証券会社を辞めジャーナリストに転向したらしい。

私たちは、どうしても「国が嘘をつくなんて、ありえない」と思いたい。公明正大が政府の在り方だとの大前提に立って社会を見てしまう。

だが、戦後日本の歴史を冷静に見ると、決してそのようにはなっていないことに気が付く。熊本県の水俣病にしても、国は一貫して主犯企業・チッソの方に寄り添い、膨大な被害者の方には目もくれなかった。今日に至っても未だに広域にわたる被害調査をしようともしない。

それでも、私自身、まだ、心のどこかで、公明正大な国を信じたかった。

私が目を覚ましたのは、二〇一一年の三月十一日の東北大震災に引き続く原発事故の政府の対応を見てからだった。放射能は「ただちに健康に影響はない」との言葉を繰り返す。その言葉に呆れた。

その言葉に間違いはないが、言葉の裏を返せば、「時間が経てば確実に影響がある」と言っているようなものだった。こんな風に言葉や映像を巧みに変化させて国民をだましているのだと思った。

未曽有の原発事故が進む中、全国にある原子力発電所の停止運動に発展して行った。私自身も、九州電力や県知事、市長などに原発停止の申し入れの活動を行ったり、放射能の危険性についての勉強会をしたりと活動していた。

それからしばらくして、その年の五月に突然、菅直人内閣総理大臣（当時）が静岡県にある浜岡原発を停止させた。

この英断に菅総理にエールを送ろうと、感謝の文を書いていると電子メールが届き、なんと、在日米軍の要請によって、菅総理が浜岡原発の停止を要請していたという真相を知った。

この一言で、目からうろこと言うか、これまでの国・政府がどっちを向いて政策を実行しているのかが、ようやく私の心の中で『腑に落ちた』といった感じになり、国・政府への見方を変えてしまった。

しかし、見方が変わると、これまでの疑問は、あっさりと解けてしまう。

水俣病でとった国の態度も、川辺川ダム建設に執念を燃やす国の態度も、全ては、国民ではなく、企業と資本家の意図のもとで、平たく言えば「大きなお金に操られて」それを正義と信じて行っているに過ぎない。現在の教育もしかりである。

現在、アメリカとの間でＴＰＰ締結に向けての作業が進んでいる。

マスコミでは、自国の農業保護か自由貿易かといった、二者選択ととらえているが、大きな間違いである。TPPは巨大企業が国の主権を奪い、自社の利益を拡大するための条約であり、国内の主権はおろか、国民の生活権まで奪いかねないとんでもない条約なのだ。

そんな条約をどうして国が進めるのかとの疑問には、前述のように、国・政府といったものがこれまで見てきたように、全く、公明正大な態度ではなく、常に企業・投資家の意図のもとで動き続けているという現実を、一人ひとりが腹に落とさなければ、見えてこないのではないだろうか。

一言で投資家と言っても、数百万、数千万円の資産ではなく、数千億、数兆円という小さな国家予算の規模のお金を自由に動かせる一握りの人たちのことである。

その人たちによって、インドやタイや韓国など多くの国の人々が、辛酸を舐め、危機に陥っている。日本も例外ではなく、郵便局に貯めたなけなしのお金が大企業・投資家の策略にはまり、明日にも泡と消える可能性もあるのだ。

国・政府を私たちの主権のもとに取り戻すには、この現実を直視できる市民を一人でも多く増やすことが大切だと思う。

たまごの変化

生まれたばかりのヒナを買って来て、米ぬか発酵させた温かい床で大切に育てて、半年、成長したニワトリがたまごを産みはじめる。

初めは小さ目で殻が固く、殻の色が濃いたまごだ。

スーパーなどで、二十個くらい入って安く売られていることがあるが、初卵《しょらん》である。ニワトリを飼いはじめて三年、秋に導入したヒナが春先にたまごを産みはじめると、なぜかこの初卵が小さく五十グラム以下となって売れないものが多く出た。

自然養鶏の先輩に聞くと、秋に導入する秋雛は、半年後の春にたまごを産みはじめる、春先は日照時間が長くなる。その刺激を受けてみんな急いでたまごを産もうとするから、それまでに十分たまごを産める身体を作る必要があり、秋雛は飼育が難しいと言う。一方、春に導入する春雛は半年後の秋にたまごを産みはじめる。秋なのでそんなに急いで産まないので身体が十分できてから産みはじめるので初卵が大きくなるとのことである。

それを聞いて、たまごを産みはじめる前にしっかりとした身体づくりを心掛けている。

そうやって、成長したニワトリがたまごを産みはじめる。毎日、毎日（と言っても、三日に二個のペース）たまごを産んでくれる。

そのたまごが時とともに徐々に変化していくのだ。はじめ濃かった色は徐々に薄くなり、固い殻は徐々に薄くなり、大きさが徐々に大きくなっていくのだ。

以下は、私の勝手な解釈だが、説得力があるのではないか!?と思っている。

ニワトリがたまごを産みはじめると、はじめはたまごの扱いが慣れていないので小ぶりの殻がしっかりしたものが作られる。これは生まれてくるヒナからすると体重は小さく殻が固く出にくいことになる。徐々に産卵に慣れてくると殻が薄くてもたまごの扱いに慣れてきて割ることも無くなり、たまごが大きくなり生まれてくるヒナとしては有利な条件となる。

このように、初卵は親鳥の都合、成熟するとヒナの都合に合わせるように、徐々に変化していくのではないだろうか。単に歳をとって殻が薄くなっただけだと一言で終わるのももったいない。

秘密基地つくり

庭先に鶏舎とは別に、歳をとったり、傷ついたりしたニワトリを一時的に避難するためのニワトリ小屋を作ろうとして一坪ほどの小屋を作りにかかり、柱と屋根だけができた状態で作業が止まっていた。

そこへ、小学三年生の息子が「秘密基地を作りたい」と言ってきた。

実は秘密基地作りは、子供たちに夏休みになったら作らないかと話しかけていたことだった。就農して子供たちと一緒に過ごす時間がとれると考えていたが、その考えは甘く、やるべき仕事が山積となり、子供たちには仕事を押し付けてばかりで申し訳なく思っていた。

そこで、作りかけのニワトリ小屋をあきらめ、この柱と屋根がついただけの小屋を子供たちに開放し、これで秘密基地を作れと言った。

それからの子供たちの働きは、すごいものがある。

ありあわせの板をかき集めて、床を張り、壁の板も見よう見まねで釘を打ち付けていく。

日曜日は友達を呼んで、一緒に秘密基地を作っていた。

床板が張れたようなので、古いたたみ表を渡すと大喜びで、たちまち床板の上に敷き詰め、見た目は畳敷きの床のようになった。

古いちゃぶ台を渡すと、またまた小屋に運び入れ、何やらお菓子の宴会が開かれている。生き生きと遊ぶ子供たちを見るとこちらまでうれしくなる。

一緒になって遊びたいが、父は山ほどたまった仕事を少しでも片付けなくては、正月まであと二か月なのだ。

フッ化物洗口

先日、小学校に通う子供が一枚のプリントとパンフレットを持ち帰ってきた。

なんと、息子が通う北浦小学校がフッ化物洗口《せんこう》のモデル校になってフッ化物洗口を実施するので説明会を開くとの連絡文書とフッ化物洗口を勧めるパンフレットだった。

学校における集団予防接種が廃止されて二十年が経ち、今、また、不穏な動きが始まろうとしていると感じる。

小学校で虫歯予防のためのフッ化物水溶液で毎週一回、一分間、口の中をくちゅくちゅすると言う。フッ素塗布にフッ化物洗口、フッ素入り歯磨き粉と、フッ素が歯を守る正義の味方という印象を誰もがいだくのだが、ちょっと立ち止まって、フッ素とはどのような物質でどのような仕組みで虫歯を予防するのか、虫歯はなぜ起こるのかといったことを考えてみてほしい。

知人に九大歯学部を卒業し福岡市で歯科医をしている方がいて、私もその歯科医院で治療して頂き、歯についてのいろいろな疑問などについて教えてもらっていた。

歯の健康は、口の中の健康であり、口の中にはさまざまな菌がいる。歯槽膿漏を起こす菌などを口から完全に排除することなど、歯がある限り不可能であり、その悪い菌が繁殖しないように口の中の環境を整えることで、身体によい菌が優位となり健康が保たれるのだと言う。

正に、さまざまな菌との共生関係であり、私の自然観（生き物たちの共生社会）と同じで感動した。

二〇〇九年、「傷はぜったい消毒するな」という本が出版されて、これまでの消毒や赤チンなどは病院から姿を消し始めた。もっとも赤チンは水銀を含むことから国内では製造禁止となっている。

そして今、傷に張る絆創膏も進化を遂げ、消毒・殺菌ではなく、傷口の保湿へとその役割を変えている。つまり、傷を治すのは自身の身体であり、その治癒を助けるための保湿である。そこに殺菌などしては新たに再生しようとする自身の細胞までが破壊されてしまうのだ。

現に、わが家では怪我をすると傷口を水で洗い、患部にワセリンを塗るだけの処置で、傷はきれいに治っている。消毒液などでしみることは全くない。

現在の病院（外科）でもこのように『殺菌』から脱却しているのに、未だに口の菌を殺すという取り組みは如何なものだろうか。

フッ素の化合物であるフッ化物は、フッ素の持つ性質として分解されにくい。このことが私たち人体も含めた自然環境の中で問題となってしまう。私たちが生きるこの世界では、多くの物質が分解と合成を繰り返している。食べ物を食べて腸内細菌などの助けを借りて分解し、血や肉に再構成して行くのだ。そのような中で分解されないものがあれば、必ず、それが災いとなる。かつて、ＤＤＴやフロンなどもノーベル賞をもらうほどの素晴らしいものだったが、五十年もたたないうちに製造中止に追い込まれた。フッ素の化合物も同様の災いが無いとは言い切れない。

フッ化物洗口を学校で行うことには、もっと、もっと多岐にわたる問題が潜在しているようだ。

不食（たべないでも生きられる）

妻が読みたい本があるとリクエストしたのが「食べない人たち」という本だった。私も手に取り読んでみるとびっくり、その本には国内に住む、食事をしなくても生きて行ける人が三人、それぞれの思いがつづられていた。

私たち日本人は、一日三食が当然だと思っているが、海外では、一日二食の国があったり、また、ドイツでは、「一日三食のうち、二食は自分のため、一食は医者のため」ということわざがあるそうだ。つまり過食は病気になるという。

結婚すると「幸せ太り」と言ったように独身時代から一転して豊かな食生活となり、太ると言う友人知人があるなか、なぜか結婚して痩せた私としては、「もう少し太りたい」と思っていた。しかし、食べなくても生きられるという事実を突き付けられると、なんだか、光明が差したような気さえするのだ。

食べなくとも生きられるというのは、究極なエコ、究極な平和を意味するのではないだろうか。

不食は無理としても、飽食からの解脱への方向性が見えてきた。

更にこの本の中で、仏教の唯識《ゆいしき》と同じ概念が紹介されていた。それは、人間の意識には、表面意識とその下に無意識があり、さらに無意識の中にも、個人の潜在的無意識と集団的無意識があると紹介されていた。

意識と無意識は別物ではなく、意識の外側に存在する広大な無意識世界を認識することで人は安心できると思っている私としては、まさに同朋を得たような気分になった。

ところで、不食の入口である小食を試みようとすると、空腹感に襲われてしまう。我ながら何とも情けない格好で、まぁ、まだまだ仏さんがこっちの世界に来るなとでもおっしゃっているのか、それとも私の中の餓鬼がそうさせているのか。まだまだ、不食への入口である小食にすら、たどり着くのに時間がかかりそうだ。しかし、一つの光が見えたことは確かだ。

人間、食べないでも生きられるという道があるのであれば、なんと楽しい道だろうか。

本では、オーストラリアに住む女性（不食実践理論家・ジャスムヒーン）を紹介しているが、彼女の理論によると宇宙からのエネルギー（プラーナ）を取り込んで生きているという。

妄想だが、当園のニワトリたちもジャスムヒーンさんを見習ってプラーナを食べて生きられるようになり、一年に数個でいいからプラーナが詰まったたまごを産んでくれる。なんと素敵なことだろう。

なぜ不食、食事をとらなくても生きられるのかということは、しばらく置いておき、不食・小食によって、自己の免疫力が上がり健康になって行くという事実をきちんと見据える必要があるのではないかと思う。

誰もが不食・小食に移行するのではなく、自分の身体の声（無意識の声）を聞きながら、過食を避けることが大切ではないかと思う。そうした一歩一歩が世界平和につながって行くのだと思う。

感謝の日々

十一月になると、大根や白菜、キャベツなど冬野菜ができてくる。それに伴い、集落の方々から冬野菜のくずを頂くようになる。今年もその季節となった。

毎日夕方になると集落を回り、道路端に置いている大根の葉っぱや白菜のそと葉などを回収して、ニワトリに与えるのだ。

現在、四百羽ほどのニワトリを飼育しているが、一日、一輪車に山盛りの野菜くずをあげても、物の数分で跡形もなく食べつくしてしまう。ニワトリを飼っていてびっくりするのは、ヤギや牛とおんなじように緑の葉っぱを実によく食べることだ。

そんなニワトリを支えてくれているのが、地元で野菜を作ってくれている方々だ。

魚にしても、豊富にとれる新鮮な地元の魚を使って、すり身や天ぷら、魚寿司などの加工品をはじめ冷凍鮮魚としての出荷もある。そのように魚の加工をするときに骨、頭などの廃棄物がでる。これを頂いて庭先に据えてある大きな釜で煮て、熱々のものをニワトリに与えるのだ。さかなもニワトリたちは大好物で、あっという間に食べつくしてしまう。

野菜くずとさかなと地元の方々から助けられ、支えられ、また、たまごを買って頂いている方からも野菜くずを頂いている。量としては僅かだが、循環する社会を共につくろうとの気持ちがうれしくてありがたく頂いている。就農して三年が過ぎようやくカツカツだが親子五人生活している。そこには、大学勤務時代には考えられなかった、たくさんの方の支えの上に私たち家族が生きられていることを実感する。

北風が吹けば、家の周りの杉の木が枯葉を落とす。杉の枯葉は五右衛門風呂や薪ストーブの焚き付けに欠かせないもの。北風に感謝しながら杉の枯葉を親子で集めている。雨が降れば、シイタケがいっぱい出てくる。雨にも感謝だ。人に感謝、自然に感謝、神や仏に感謝、妻に感謝、子供たちにも感謝の満ち足りた日々を送っている。

今年も十二月となり、あっという間に一年が過ぎていく。

こうして、親子五名が暮らしていけていることが奇跡であり、本当に支えて頂いている方に感謝の気持ちを伝えたい。そして、私たち家族も含めて、社会全体が平穏な世の中になってほしいと思う。

今年も、ありがとうございました。来年もよろしく、お願い致します。

子育ては親育て　二〇一六年

こだわって生きる

私は子供の頃からビニールやプラスチックが嫌いだった。

あらしの去った翌日の朝、家の近くの海辺に行くと一匹のウミガメが打ち上げられていた。ウミガメは五十センチメートル位だったと思う。見ると口いっぱいに透明なビニールが詰まっていた。おそらく、クラゲと間違えて食べたのか、ビニールによる窒息死だった。口の詰まったビニールをカメの口から外してやろうと引っ張るけれどなかなか抜けない、しまいには、カメのお腹に足をのせて力いっぱい引っ張ったらようやく抜けた。ビニールが抜けた時、死んだカメから「ほっ」というか何か安心のため息の様なものが聞こえたような気がした。その声を聞いた瞬間、浜辺で一人、泣いた。

中学生の頃、港の風景を描くスケッチ大会があり、先生に「港だったらどんな風景でもよいんですよね」とわざわざ確認をとって、波に浮かぶ空き缶やごみの絵を描いたらひどく叱られ、描き直しを命じられて夜中までかかって描き直した。

何度目かの就職で福岡に行き、そこでペットボトルを飲料容器に認めない運動に参加した。当時はまだペットボトルは飲料用として認められておらず、容器はすべてガラスビンだった。ペットボトルが導入されれば日本中プラスチックのごみで埋まってしまうと訴えたが、間もなくペットボトルが社会にあふれ出した。当園のたまごの容器は現在、国産の再生紙でできた物を使っている。スーパーに並ぶプラスチック容器に比べるとその価格は十倍以上する。しかし、プラスチック嫌いの私にとってはごく当然の選択だった。山林の手入れに使うチェーンソーのオイルも生分解のものを選んで使っているが、これも鉱物油に比べると数倍の価格だ。それでも森を守り水を守るために鉱物油などで新たに森に有害物を撒き散らかしたくないとの思いで使い続けている。

農薬についても、使えば除草の労力は激減し、病虫害の被害も少なくなり、生産力は上がるだろう。しかし、これ以上、人工の化学物質を自然界に拡散したくないとの思いが強い。

全てが「こだわり」なのだろうか。人は「こだわりを捨てなさい」と言う。「こだわり」を持つことは人の生き方を狭くすると思われがちだが、自身が考える倫理的、道徳的な生き方で、私にとってはもっとも気持ちの楽な生き方なのだ。

だから、少しぐらいこだわって生きても良いのではないだろうか。

山林を糧にして暮らしている人が山を壊し、海を糧にしている人が海を汚し、田畑を糧にしている人が大地に毒を撒き、この蛮行を神・仏（大いなる存在）は、どう見るだろうか。

自然保護という言葉はあまりすきではない。現実には古来より現在に至るまで自然に保護されているのは人間である。主体は自然なのであって、本末転倒の言葉に聞こえてくる。

私たちは只々、自然を敬愛して、その中で育まれながら暮らすことが大事ではないかと思う。「ここで生きる」「こだわって生きる」「真の平和を願う」そんな生き方をしたい。

先人から受け継ぎ、未来の子供たちに手渡す大地や海は、私のものではないのだ。

おいしい年末

昨年の年末、二十四日は子供たちも小学校の終業式があり、待ちに待ったクリスマス。妻に御馳走をいろいろと提案したり、一か月も前からサンタクロースにプレゼントリクエストの手紙を書いたりして、当日は朝からわくわく、そわそわとしている。

夕方、帰宅すると自らお手伝い（風呂焚き、ヤギを小屋に入れるなど）を率先して行い、入浴。そして、待ちに待ったクリスマスパーティーだった。

食卓には、当園のニワトリの丸焼きが置かれ、子供たちは歓声をあげる。ナイフで切り分けて食べて見ると実においしい。妻は塩をすり込んだだけと言うが本当に肉のうまさが凝縮している。

ニワトリは昨年七月に導入して育てた雄のニワトリで数が少し多いので一羽、試験的に十二月の初めにつぶしたものだった。

自然養鶏を始めたきっかけは、廃鶏の肉のうまさにびっくりしたことからだが、初めて若鳥を食べて見て、改めて自家配合飼料（発酵飼料）による飼育での肉のうまさに喜んでいる。

今年は希望者を募ってクリスマス用の若鳥を育ててみたい。希望者にとっては約一年の「待ちわび鶏」となるが待っても価値のある鶏肉だと思う。

また、年末にたまごを買って頂いているお客さんから当園のたまごで作ったプリンを頂いた。これが実にクリーミーでおいしい。あまりにもおいしいので作り方を教えて頂いた。

おいしいものを頂くと無条件にうれしくなる。カニに魚にミカン、ジャム、餅と年末にはおいしいものが人々の間を行き交う。そうして、皆が喜び合い、感謝し合い、年が暮れて行く。

今年も人々の心を通わせる豊かな年になってほしいものだ。

ニワトリが先かたまごが先か

二〇一二年の六月末からヒナを飼いはじめた。ヒナは六か月の成長期間を経てたまごを産みはじめる。二〇一三年正月からたまごの販売を始めた。

百羽程度から始めた養鶏も徐々にたまごの生産量を増やし、今年ようやく、念願の一日二百個生産の体制が整う。これも、たまごを買って頂くお客様に支えられての規模拡大だった。

嬉しいことに、これまでたまごが余ったことはない。と言っても、余ったたまごは日ごろお世話になる方にお福分けや、数は少ないが「サンプル」として販路拡大の配布などに使っていた。

ひとくちに規模拡大と言うが、たまごが売れる見通しが無いと拡大できないし、鶏舎や餌の確保、作業時間の確保など様々な条件が整わなくては拡大できない。

正に、ニワトリが先か、たまごが先か……需要と供給のバランスが大事だ。

昨年末にくず米を約四百五十袋、重量にして十三・五トンを確保できた。近郊の農家さんからも分けて頂いたり、たまごを買ってくれるお客さんからも頂いた。九州産のくず大豆も一トン購入した。

多くの方の協力があるからこそ、日産二百個の体制が整ったのだ。

今年からは新たな試みとして、たまごの加工品（マヨネーズやプリン、ケーキなど）を試作したいと思っている。

地域の産業につながり、地域の方々の元気につながるような企画には、まだまだ、道のりは遠いが、これからも「安全・安心、地域密着」の方向で、進んでいきたいと思っている。

冒頭の文題は哲学的な問だが、私たちが理想としている循環型の社会では「ニワトリが先か、たまごが先か」という問いは無意味となってしまう。循環型の社会は、絶えず巡り巡る社会であり、事の「始まり」は存在しないのだ。

こうして無限の繰り返しの中で、たまごからヒナが生まれ、ニワトリに育ち、たまごを産み、そのたまごをお客さんに買って頂く、そのお金で飼料を買いニワトリを養う。ニワトリから養われ、ニワトリを養う循環共生社会なのだ。

三歳までは……

私たち夫婦の子育てとして、三歳までは手元で育てたいと思っている。長男、次男もそうして育ってきた。保育園はその後で行けばよいと思っている。と言っても、単に経済的な理由で、三歳未満は保育料が高いからというのが本音ではと見られるかもしれない。

ある人は、「なんで一番かわいい時期の子供をお金まで払って他人に渡すの」と言っていたが、まぁ、それぞれの家庭の事情があるので何とも言えないが、我が家は妻が家で育児をすることを選んでくれたことに感謝している。

今年の三月に二歳になる三男も、よちよち歩きから始まり、今、ずいぶんと足腰が強くなってきた。ほぼ毎日、朝夕二回の私の鶏へのエサやりにトコトコついてくる。

鶏舎の周りは、クヌギの切り株などがあり足元は決して良くないのでよく転ぶ。しかし、転んでも、見て見ぬふりをしておくと子供は泣くのをやめて自ら立ち上がるのだ。そうして、何事もなかったかのようにまた、私の後をついてくる。

少しばかりの野菜の収穫に家の前の畑へ行くと、彼も後からついてきて、どしどしと畑に入り、種を蒔いたばかりの畝《うね》だろうが、芽吹いたばかりの大根だろうが、所構わず歩き回る。

「早寝早起き、四回食」。幼児の子育ての基本だそうだが、全くその通りで、食べて、遊んで、眠って、また、遊んでと繰り返しながら、家の中、庭先、畑と遊んでいる。

夕方になり、風呂に入ると薄汚れた子供たちは三人共にぴかぴかの身体になる。

夕食を済ませ、布団をとると布団の上で、私が馬になって息子を乗せて遊ぶ。

かつて、私も子供の頃、父におんぶされて海を泳いだことがあったが、父の背中の大きさに感心していたことを思い出す。子供たちは、布団の上で遊んだことを覚えているのだろうか。

二歳を前にした三男は、まだまだ、言葉が出ない。「ダッ」と言って、私を呼ぶ。食べるのも、寝るのも、お風呂も、遊ぶのも、いつも一緒。あらゆるものに興味を示し、あらゆるものを引っ張り出して部屋中に散らかしてくれる。また、兄たちのやることを見て真似をする。

毎日の餌やりについてくるが、あるときニワトリ小屋に自分で入り、ニワトリから取り囲まれて泣き出すこともあった。すべてが経験であり、記憶にならない領域での経験の蓄積だ。

しかし、その経験は彼の中ではきちんと残され、その後ではニワトリ小屋に自ら入ることはなく、黙って私がニワトリに餌をやるのを外から見ているのだ。

草や木や鳥や虫や雨やありとあらゆるものを見て歓喜の声をあげる。

彼のあのキラキラした目には、どんな世界が映しだされているのだろうか。きっと、世界が光り輝いて見えているのだろう。何だか、私がいろいろと教えてもらっているような気がする。

この頃は食事もみんなと同じように、自分のおわんや皿をもらって、自分で箸を器用に使って食べるようになった。上の子たちは、二人とも三歳の誕生日に、のこぎりを買い与えている。

三男もあと一年で三歳、私たちに何時も笑顔を振りまいてくれる息子に感謝だ。

お金も水も

正月が過ぎ、また、国会が開催された。半年間をかけて、国家予算や法案を決めていく。

今年も国の財政は、借金まみれのひどいものになっている。借金とは、未来の子供たちにそのつけを払わせることに過ぎない。

国の予算も、私たち家族の家計も同じで、借金があると未来が拘束される。

国会の審議を聞いていて、疑問に思うことが多々あるが、その中で年金の考え方である。私はなんとなく、今働いている人が働けない方を支える仕組みとして「年金」があるとばかり思っていた。ところが、自分がいくらお金を「年金」として貯めたかによって、将来支給される年金が決まると言うのだ。これはちょっと驚きで、お金も情報も水も米もあらゆるものは「貯めると腐る」という大原則からすれば、とても、おかしなことになっているのではと思っている。

老後にいくら必要なのだろうか。仮に年間三百万円だとして、三十年間で九千万円となる。そんな大きなお金を一人一人が貯めるとなるととてつもないお金がたまり、その大きなお金が小さな村や地域社会を破壊して行くのだ。

大きなお金を作り出さないことこそが、私たちが平和に暮らすための原点だと私は思っている。そのためには、お金は貯めないことだ。（貧乏人の開き直りといった感はあるが……）

年金の考えも、福祉の原点に立ち返って見て、相互の助け合いから見れば、スッキリしたものになるのではないだろうか。

自分の老後のためにお金を貯めるのではなく、今あるお金で、人生の先輩である老人や働けない人を助け、また自分も助けられる。そんな社会の方が安心して暮らせるのではないだろうか。

「お金を貯めるより、徳を積め」というキャッチコピーはどうだろう。

地域社会では冠婚葬祭をはじめとして、さまざまなイベントがある。その度に祝儀や香典などいわゆる「交際費」が発生する。しかし、これも相互扶助の素晴らしいネットワークだと思っている。お金や物が行き交い、人々の心を結びつける。決して孤立することの無い社会だ。

農事とは

新規就農してこの春で四年目となる。まだまだ、素人の域から抜け出せないのは、「農事」を本当に理解していないからだろう。

農事とは、季節季節によって行われる農作業の事。農作業には手順があり、前もってしっかりとした準備が必要なのだ。そして、季節や天候に合わせて、その作業を行うことが肝要なのだ。

文章として書けば、ただ、これだけの事なのだが、実際の具体的なことになるといつも、後手後手に回って、準備不足があらわとなってしまう。

季節を先取りして、準備を滞りなく済ませ、万全な状態で農事をこなしていきたいと思う。と言いつつも、正月から早くも準備が遅れ気味になってしまっている。

毎年、繰り返される季節だが毎年違うのだ。気候や生活にあった作付計画を試行錯誤しながらも徐々に決め、一年を通した地域生活に慣れて行き、農事の先読みができるようになりたい。

それには、一日、一日を無駄にしないことだと思う。

雨が降ると「今日は雨だから……」と言い、天気がいいと「今日は暑いから……」と言って農事をおろそかにしないことが大切。雨が降ると雨の日にしかできないことをして、天気の日には天気の日にしかできないことをする。段取りなどを考えるのは夜にしよう。

畑で農作業していると「まなぶ、朝は朝星、夜は夜星。昔からのことばじゃ」との言葉を豪快な笑いと共に頂いた。朝は暗いうちから起きて働き、夜は星が瞬くころまで働けということである。

まぁ、そこまで働く気はないが、無理はせず、マイペースでこつこつやって行きたい。

お手伝いは自立への道

先日の夕方、ニワトリに餌をやり終え農作業小屋で後片付けをしていると小学三年になる息子がやってきて、「お父さん、風呂焚きは終わったよ、何かほかに手伝うことがある」と聞くのである。その言葉を聞いて、心の内で泣いていた。息子も成長したものだと。

子供たちが小学校に入る前に移住と決めて、住み慣れた福岡を離れ、耕作放棄地が広がる集落の一番奥地に家を建て、ニワトリを飼いはじめた。

五右衛門風呂さえ初めてだった妻子に薪に火を点け、風呂を沸かすことを教えた。

特に、火の始末（焚口を常にきれいにすること）は、口やかましいくらい言っている。火事になれば、集落中にご迷惑をおかけすることになり、我が家はもう、ここには住めなくなるのだ。

数か月で、皆あっという間にやり方を覚えて、今では風呂焚きは子供たちの担当となっている。

風呂の水を抜き、風呂を洗い、水をため、焚口に薪を入れ火をつける。そのほかには、三頭いるヤギを小屋に入れるのも彼らの仕事だ。

時には「うちは何でいちいち（風呂を）薪で炊かんといけないの」「なんでこんな離れたところに家を建てたの」と生活の不便さに不平を言うこともあるが、まぁ、慣れるまでの辛抱と考えている。

そうして、不便だからこそ、貧しいからこそ、家族の一人一人が協力して、自分の仕事をこなして行かないと家庭生活が成り立たないことを身をもって知ることが大切だと思うし、それが自立への道となるのではと考えている。

成長した息子に対して、こちらとしても本当に素直な気持ちとして、感謝とねぎらいの言葉がでてくる。子供たちは対等な立場としての親からの言葉にさらに自立心が高まるのではないかと思う。

本当に子供たちには、我が家に生まれてきてありがとうと心から思う。

これから十年も経たない間に、息子たちはここを巣立って行くのだろうかと思うとちょっと寂しくなるが、まぁ、それが自然な時の流れなのだろう。

福の神を呼び寄せよ

苦虫をかみつぶしたような顔で仕事をしていると、妻から「そんな顔で仕事をしていると福の神も逃げちゃうよ」と言われる。

「目指すのは楽農」とのキャッチフレーズで開業した松原農園。

楽しく仕事をしないと、意味がない。

金銭的な余裕がないのは仕方がないが、気持ちとして余裕が無いのは何としても改善しなければならないと反省している。

ところで、「苦虫」とはいったい何なのだろうか。

苦虫の特定はできていないようだ。私がこれまで食べた虫はクサギムシ。これは火であぶって食べるのだが、クリーミーでおいしかった。ハチの子、スズメバチのさなぎ。これもフライパンで塩コショウを振って炒めると天然のバターカプセルみたいでおいしい。

スズメバチの成虫の素揚げ。ちょっと口に入れるのには勇気がいるが、まぁ、食べられる。食べられなかったのは、長野県で売っていた「ザザムシ」という名の水中昆虫の甘露煮。

これはさすがに、見ただけで、口に入れようという気にはならなかった。

そのほかにも、意外だったのはマムシの一夜干し。棚田で殺したマムシをすぐに皮をはいで、一晩、作業小屋につるして干していたものを翌日、炭火であぶって食べたが、なんと骨までバリバリと食べられる、くせもなく、においもない。「なんだ、マムシって食べられるんだ」と思った。

話を元に戻そう。日々、ニワトリやヤギの世話をしながら暮らしているとあっという間に一日が過ぎ去っていく。夕方になり、「あっ、この仕事をし忘れた」とか、にわかに焦りだすが、夕日は待ってくれない。そこで「苦虫をかみつぶしたような顔になって」妻から指摘される。

そうなんだ、全ては自業自得で、一日、一日、一つの目標を持って仕事を段取り良くやればよいものを、どうしても目先のことに引きずられて当初の目標が達成できずに不満が残るのだ。

わき目もふらず、ただ一つの事を大切に、一つずつ、仕事をこなして行きたいと思う。

現在の世相では、「今さえよければ、自分さえよければ、金さえあれば」という風潮らしいが、それは本当に餓鬼道の世界ではないだろうかと、思わず苦虫顔になりかける。

しかし、本当に妻の言う通りで、そんな顔をしていたら、福の神も逃げていくし、何のメリットもない。

仏教の教えでは悟り人（ブッタ）になるための道として一番目に「布施」という実践行為がある。金品を持たないものに分け与えること、仏の教えを伝えること、人々の恐怖や不安を取り除くこと。しかし、与える金品も無く、人を導く智慧もないものにでもできる布施があると説く。

その布施が、慈しみのまなざしで世界を見ること。にこやかな顔で人に接すること。思いやりを持った態度と言葉を使うこと。自分の身体で奉仕すること。心を広くして共感すること。席や地位を譲ること。雨風を防げる場所を与えること。の七つだと言う。

改めてこうして見ると、まさに餓鬼道や地獄から人を救わんがためにお釈迦様が説かれたこと、それは人の心を解放する手段だったのだと思う。

自身の心を自身で縛り付けて、苦しみ、その苦しみのあまり、他人まで傷つける。

そんなことを私自身がしていないだろうか。

阿弥陀仏に帰依します、妻に帰依しますと言っているが、仏の教え、妻の教えをほとんど聞かずにまだまだ、餓鬼道でうごめく自分を発見する次第だ。

福の神でも、貧乏神でも、なんでも気軽に集まって楽しめる楽園。

そんな楽しい松原農園の実現を目指して、今日から、初心に帰って、こつこつとやって行こう。

まずは、まんが日本昔話の金歯をはめた福の神の顔を思いだし、笑顔で仕事に励みたい。

たまごの賞味期限

当園のたまごの賞味期限は、産卵から二週間としている。日本養鶏協会によると、たまごの賞味期限は生食（たまごかけごはんなど生で食べる場合）にサルモレラ菌などの食中毒から守るための保存温度によって賞味期限が設定されていると言う。夏場の気温（二十九度）では十五日間、冬場の気温（十度）では五十七日間となっている。もちろん、賞味期限が過ぎたからと言って食べられないことは全くない。生食を避け、ゆでたまごやたまご焼きなど加熱調理すれば十分食べられる。

シーズン（外気温の変化）を問わずに一律、賞味期間を二週間としているのは、当園としては、より安全で間違いをなくすためである。実際に、店頭販売で売れ残ったたまごは、我が家に持ち帰ってゆでたまごにして食べている。当園のたまごで作るゆでたまごは、塩などかけなくてもほんのりと味がありおいしい。めったに食べられないゆでたまごは、我が家では子供たちと奪い合いになる。

そんなおおざっぱな賞味期限をしかも、鉛筆で書き入れている。なぜなら、たまごの箱を再使用しているからだ。回収したたまごの箱にかかれた賞味期限を消しゴムで消し、新たな賞味期限を鉛筆書きしてたまごを詰めているのだ。

開園当初から、余剰たまごは置かない（ご予約以外の余ったたまごは、非売品として地域の方や知人に配る）というのをモットーとしているからできることなのかもしれない。

地元スーパーなどに当園のたまごを置かせて頂いているが、いつも、見えないお客様に感謝するのは、賞味期限の古いものから売れている点である。

普通、何も考えずに買い物をすると、店頭にある商品の内、良いもの新しいものをどうしても手にするのが当然との気がする。しかし、当園のたまごに限って言うと、その法則が成り立たない。

「ネットワーク地球村」という市民団体があり、代表の高木善之さんの講演会を何度かお手伝いしていた。その講演の中で高木さんが「自分ちの冷蔵庫にあるものは古いものから飲み食いするのに、何でお店のものは、新しいものから選んで買うの」という問題提起があった。私も聞いていてハッとした。それ以来、私も「賞味期限ぎりぎりで半額」とかいったものをよく買うようになった（本音は経済的な理由かもしれないが……）

春になり、今年はヤギのユキちゃんが四頭、コユキちゃんが二頭の子ヤギを出産して、計六頭のヤギが庭先を跳ね回る状態となった。

ＧＷまでは、この状態が続く予定だが、園内が賑やかになり、地元の方も子供連れで子ヤギを見学に来る。

このヤギたちが、耕作放棄地の草を食み、地域力の一助となってくれればと思っている。

しあわせを感じる時

妻がたまごを使ったケーキとか、クッキーとか、たまごボーロとかいろいろと今、試作をしている。それに伴って、この頃、妻の手作りおやつを頂く機会が増えた。当園のたまごで作ったカスタードクリームなど「おいしい！」と子供たちと争奪戦となる。

そんな、おいしいものを頂いたり、素敵な音楽を聞いたり、幸せを感じる。

しかし、特別なことは何もなく、ただ、日々の生活の中で、餌を食べ、日向ぼっこをしながら砂浴びをしているニワトリの姿を見て、しみじみと幸せを感じる時がある。

畑で一人遊ぶわが子の姿を見て、しみじみと幸せを感じる。

本当の幸せは、本人の幸せではなく、他の者の輝く姿を見て感じることではないだろうか。

木々が、気持ちよく、天に向かって伸びている。こずえを揺らす風が心地よい。

木も草も、鳥も虫も、石ころさえも、春の暖かな日差しを浴びて、気持ちよさそうだ。

これこそが至福の時なのかもしれない。その幸せを感じている私はそこには実はいないのだ。

宇宙全体に溶け込んで、風となり、光となり、命あふれることを喜んでいる。

鷹の爪団

子供たちが毎週金曜日の夕方、風呂からあがって夕食になる前のわずかな時間にテレビを観ている。ＮＨＫの教育チャネル（今ではＥテレと呼んでいるが）で、「天才テレビ」という番組だそうだ。その中で、「秘密結社・鷹の爪団」というタイトルの短編アニメがある。

子供たちはこのアニメが始まるとなぜか、夕食を作っている妻を呼ぶのだ、妻もそれだけは一緒になって観るようだ。私も晩酌をしながら、子供たちの宿題を見ながら、耳から入ってくるアニメの声に、いつしかつられて観てしまう。

その中で、鷹の爪団の総統・小泉鈍《どん》一郎（名前からしてギャグだが）は、六十前の初老のオジサン風で、赤い帽子、赤いマント、ナチスヒットラーのような恰好で登場し、世界征服を目指している。

その世界征服が「人に地球にやさしい世界征服」だと言う。「くだらない国境を取り払い、世界をひとつに結び、疑いやいがみ合いや傷つけ合うことなく、格差をなくし、誰の子供も自分の子供の様に愛する世界にするための世界征服」だと言うのだ。

素晴らしい理念を元にした世界征服だと思うが、アニメの中ではこの秘密結社を悪とし、正義の味方としているデラックスファイターに何時も攻撃されて負けるのだ。

子供たちには、ちょっと難しすぎるかもしれないが、内容的には現代社会を皮肉り、正義づらしているものは結局、金で操られたものであり、鷹の爪団は愛で世界征服をしようと提案しているような気がする。

私も若い時に、酒を飲みながら「俺は将来、日本国王になって、この日本を変えたい。そして、世界帝王となって、世界を変えるのだ」と息巻いていたことを思い出す。

五十歳を過ぎて、鷹の爪団総統と同じ年代となり、まだまだ、手を付けていないことばかりだが、一つ一つ、畑を耕すように、一人ひとりの心を耕して、実り多い豊かな社会を作っていきたいと思う気持ちは変わらない。

アニメでは、総統の理念と愛に人々が気付き、真の悪を倒すといったことで終わっていったが、この作者もお金ではなく、人々の心の中の革命を通して豊かな世界の実現を夢見ているのではないだろうか。

東日本大震災の復興と政治家は声高に叫ぶが、津波で押し流され家が無くなって借金だけが残る、そんな理不尽なことには目をつむり、くだらない公共事業だけが進んでいるのではないだろうか。復興予算が余っているのなら、なぜ、被災者の借金をチャラにすることを考えないのだろう。

フレンドリー（ふれん鶏？）

二月に生まれたヒナが三か月となり、徐々にヒナからニワトリになってきている。

若鳥は動きが活発で、賑やかだ。

餌をやるため鶏舎に入って行くと肩や背中に止まってくる。

寒い時期は私もツナギなど、厚手の作業服を着ているから体にとまっても痛くないのだが、夏になるとTシャツなど薄手の作業服となると、止まった時の足の爪がちょっと痛いのだ。

手で振り払いたいのだが、両手には約十キログラムの餌を持っているので身動きが取れない。

何とか、この飛び乗り癖を、夏までになくさないといけないと思っている。

当園のニワトリは、夜になると鶏舎の梁にかけている止まり木に皆移動して止まって寝る。高さが二メートルある止まり木から、私の方に飛び移るのだ。

たまに、頭に飛び移ってくるのもいて、体重二キログラム弱のニワトリがいきなり頭に乗っかるとその重さがもろに首に来てたじたじとなってしまう。

昨年は、飛び移りをしそうなニワトリを見つけるとフェイントなどをかけて、飛び移りをかわす作戦が成功して、三日間ぐらい失敗すると飛び移りのくせはなくなった。

ちょっと寂しいが、痛いことは避けたい思いである。

「親しき仲にも礼儀あり」と教えたいのだが、なかなか、伝わらない……。

子供たちにも言うことだが、食事は「行儀よく食べなさい」と言いたくなってしまう。

今年のお茶

今年の八十八夜は五月一日だそうだ。立春（冬至と春分の中間）から八十七日目が八十八夜。

なぜ、八十八「日」ではなくて「夜」なのか、よくわからない。

昨年は下刈りの機械が故障してその作業が遅れてしまい、また、手入れをしなかったので草に負けて、おまけに肥料不足といろいろ私の対応不良で不作だった。

昨年の秋から、気合を入れて、毎月一日は「お茶畑の日」を設けて、草をとり、下刈りをして、ヤギの糞を撒いて育てたお茶がきれいな新芽を伸ばした。

何でもそうだが、まめに手入れをしないといけないと痛感させられ、元気よく伸びる新芽を見て、喜びもひとしおだ。

そして、四月三十日良く晴れた日、姉や父の手も借りて、家族でお茶摘みをした。

刈取ったお茶がずしりと重い。

ごみや枝や傷んだ葉などをより分けて、車に積んでお茶の加工場に運び込む。お茶の香りが車の中に漂う。一週間後には、加工された新茶ができあがる。

そうして、また、一年、家でとれた世界一、安全で安心なおいしいお茶を飲むことができるのだ。

我が家の自給率一〇〇パーセントのものは、現在のところ、たまごとお茶とニンニクだけだ。味噌もたくわんも、一つずつ自給できるようにしていきたいと思う。

打ち出の小槌とドラえもん

小学四年になった息子が先日夕食時に「あーぁ、家にもドラえもんがいたらなー」と言うのだ。ドラえもんがいたら、いろんなことができると言う。

「お前はのび太みたいになりたいのか？」と思わず、突っ込みたくなる。

最近のドラえもんは積極的にのび太の自立を促し支援する形になってきているとのことだが、まぁ、誰もが「夢」をかなえてくれるドラえもんや打ち出の小槌が欲しいものだ。

田舎暮らしをしていると地元のおじいさん、おばあさんの自立心の高さに感心させられる。なんでも人に頼らず、自らの手と知恵で暮らしていることに感動する。

電動カーにクワや鎌を乗せて、畑に通い、野菜を作ったり、杭が必要ならば、近くの山林から樫の木や竹を切りだし杭にする。当たり前と言えばそれまでだが、ホームセンターなどの製品に頼らず、自ら物を生み出す行動力と創意工夫は、きっと子供の時から身に着けたものなのだろう。

そのような生き方をしたいと思いつつも、ついつい、他に頼ってしまう。

私も紛れもない「のび太」なのだ。

ドラえもんや打ち出の小槌に頼らない、そんなたくましい生き方がしたいものだ。

子育てもお年寄りの介護も、いろいろと社会の変化に翻弄されるが、一人一人が授かった命の輝きをみんなが認め合う、そんな社会でありたいものだ。

仏教では、事の良し悪しを人が判断するのは如何なものかと私たちに問いかけている。善悪とは何か、何が善で、何が悪なのか、そのようなことを人は勝手に自分の定規や尺度を使って判断しているが、その定規や尺度は絶対的なものではないのではと問いかけるのだ。

草も木も、自らが根付いたところを是非もなく、只々、与えられた環境の中で精いっぱい命の輝きを見せてくれる。

そんな命の輝きを私たち一人一人がどう捉えるかによって、私たちの生き方も変わってくるのではないだろうか。

息子はどんなことを望んでいるのだろうか。話を聞くと、好きなだけ遊べて、おいしいお菓子やジュースが山のようにあり、好きなだけ飲み食いできる世界が「夢」だそうだ。何とも子供らしい。ドラえもんにしても、打ち出の小槌にしても、厳しい現実に立ち向かうためのちょっとした避難場所のような気がする。そんな「夢」の避難場所で心を癒して、現実社会をたくましく生きて行って欲しいと思う。

地震（揺れの恐怖に耐え忍ぶこころ）

四月十六日の未明、強い地震があった。夫婦で布団の中でおびえながら揺れの治まるのを待った。

夜が明けて、家の柱時計を見ると一時二十五分で止まっていた。

熊本、大分で被災された方にはこころから、お見舞い申し上げたい。

阿蘇から大津に出る「阿蘇大橋」が一夜にして無くなっている映像を見て、愕然とした。農業関係の被害も甚大だと言う。プレート間の巨大地震に目を奪われ、活断層が引き起こす直下型地震への備えを怠ったのかと言われても、何をどのように備えるのか、本当に途方に暮れる。

思い出せば、ちょうど十一年前には福岡で震度六弱の大きな地震があった。その時は、私の住んでいた近所の屋根瓦も落ちたり、職場の棚が倒れたりと大変だった。職場での片付けを終えて自宅のアパートに帰ってびっくり。食器棚が倒れていて、コップなどが割れていた。ここでも片付けているとまた、余震。一か月後の早朝には震度五の大きな余震があった。度重なる余震で、少しの揺れにも身体が敏感に反応するようになったことを覚えている。

十四日夜から度重なる揺れに十一年前の感覚がよみがえる。恐怖に耐え忍ぶしなやかな心を持ちたい。

持続可能な経営

いつも、皆さんにたまごをお買い上げ頂き、私たち家族は何とか生活ができている。

約百五十家族から二百家族の方が当園と繋がっているのだろうか。その他にもお店や道の駅などを通じてたくさんの方とつながっていることを考えると本当に感謝の気持ちでいっぱいだ。

田舎に引っ越して、高齢化、少子化と常に激動する社会の中で、営々と商店が営業しているのを見て、なぜ、時代を超えて持続経営ができているのかを考えてみた。

そこから見えてきたものは、「売り手の責任」ともいえる経営だ。

扱っている商品に粗悪なものが無い、丈夫で壊れにくいものを売っている。買い手側からすれば、あそこで買えば大丈夫といった安心感が生まれる。田舎では逆に粗悪なものを売っていると「あの店で買ったものはすぐ壊れた」といった不評が一番怖いのかもしれない。商品を作っているメーカーではなく、その商品を直接販売している顔の見えた商店、その商店が売り手の責任として品質管理の義務を負う。そんな商人倫理がまだ、生きているのではないだろうか。

百円ショップなどで、粗悪品を購入しても誰も売り手の責任は問わない貧しい社会が広がる中で、「売り手よし、買い手よし、世間よし」の商売、健全な商品流通で社会をより良くする仕組みが見えてくる。

作り手はより良いものを作り出して社会に貢献し、粗悪品を排除し、高品質の良いものを販売することで社会に貢献し、買い手、使い手としては、良いものを永く愛着を持って使うことで物に感謝し、それを作った人に感謝し、売ってくれた人に感謝し、社会全体がより良くなって行く。

駆け引きではなくて、一人一人が、より良い社会を作るために自分ができることをこつこつとやって行く。そんな社会が、豊かで安心な社会になるのではないだろうか。

相手の生き方に合わせて

先日、定植したトマトとピーマンに支柱を立てたいと妻から言われ杭を作り、支柱を立てていると妻からだめだしを食らった。

杭を野菜の根元に打てば、野菜の根を切る。杭をまっすぐに立てれば、ピーマンに杭に沿ってまっすぐ生きることを強要してしまう。

「なぜ、あなたはピーマンの生きたいように支えてやらないのか」と言う。

この言葉は、私にとってはとても衝撃だった。ピーマンをヤギやニワトリ、子供たちに置き換えても通じる深い言葉だ。

「しつけ」と言ったり、「効率」という名目で、強いものが一方的に弱い者の生き方を管理・強制するような社会は良くないと言いつつ、自分自身がそのように息子も含めて、周りの生き物の生き方を強要していたのではないかと反省するのだ。

妻が言う、相手の生き方に合わせて、それを伸ばすように支える。そんな野菜作りや養鶏や牧畜や子育てをしたいと思う。少しずつ、自分自身を変えて行きたい。

小麦の収穫

就農して四年目の春、「麦秋」が目の前に広がった。昨年の秋に鶏糞を撒き、耕し、種を蒔き、冬に家族で麦踏みをした小麦が見事に実った。

五月に入って、梅雨のように雨の日が続き、どうなることかと心配したが、ようやく本来の五月晴れが続き、小麦が黄金色に輝いた。

と、何処からともなく、スズメが早速、熟した小麦をついばみにやってきた。スズメは日に日にその数を増し、妻は「早く刈取らないと全部スズメに食べられちゃうよ‼ 子供たちにも収穫の喜びを味あわせて‼」と訴え、サルまでもが小麦をつまみ食いしはじめた。

慌てて、畑の周りの電気柵を強化して、携帯ラジオを畑の脇でかけ、たまごの配達に出かけた。

そして晴れた日が二日続いた夕方、急きょコンバインを出して小麦を収穫した。

日が沈み、生まれて初めてコンバインのヘッドライトを点けての刈取りを経験し、ようやく、無事すべての小麦の刈取りが終わった。

そして、翌日からは庭にむしろを敷き、収穫した小麦を広げて天日干しをする。

一日に何回か、小麦に手を入れる。子供の頃には祖母が蓆《むしろ》に米や小豆を広げ干していた。枯山水の庭の様な見事な穀物の縞模様があったが、私にはそのような芸当ができない。

そして、幾日か天日干しをした後、小麦はいわゆる小麦色に変化し、唐箕《とうみ》に掛け、薄皮などを分離し袋詰めして、一連の作業が終わった。

後は、製粉所に小麦を持ち込み、小麦粉にしてもらう予定だ。

一キログラム入りの小麦粉は、スーパーではいくらで売られているのだろうか。

畑を耕し、種を蒔き、若い麦を踏み、サルやイノシシ、鹿やスズメから農作物を守り、収穫して乾燥し、殻やゴミなどを取り除き、粉にする。市販の小麦粉を買うのはたやすいことだ。しかし、その買うという行為の向こうには、小麦粉をつくるまでの地道な苦労をすべて他人に任せることを意味していることをかみしめなければならない。

米にしても、野菜にしても、その価値、それを収穫するまでの過程を私たちはどの程度理解しているのだろうか。

人の幸せはお金では買えない。お金は苦労に対する「ありがとう」の気持ちである。労をいとわないことでその先の喜びや感謝につながって行くのだろう。その過程が「幸せ」なのかもしれない。

五アール（五畝）の畑から約百キログラムの小麦がとれた。家族全員で苦労して得た小麦であり、世界一の小麦だと思っている。収穫時に使った、蓆も唐箕も地元の方からの頂きものだ。

そして収穫の前後の数日に晴天が続いたことも恵みの一つ。多くの一つ一つの恵みに感謝したい。

蓆を広げ小麦を干す、唐箕も一緒に

今年も米作り

昨年の米作りは散々だった。早期水稲の米作りが集落で私一人となって、急遽《きょ》ネットで購入したエンジン付きの水揚げポンプも故障し、準備不足がいくつもあって、結局は草に負けて、米がほとんどとれなかった。

今年は普通作として、昨年の反省も踏まえて、しっかりと準備したいと思ったが、なかなか予定通りにはことは進まない。

ネックとなるのは水管理と除草だが、エンジン付き水揚げポンプは分解掃除し、一応、エンジンは快調に動くようになった。しかし、分解してわかったことは、国産エンジンとは違い、各部品を安く作っているため、全体として信頼性が低くなっていることだ。やはり「安物買いの銭失い」でここでも、きちんとした資金を準備してちゃんとしたものを購入することの大切さを痛感した。

除草については「米ぬか除草」に挑戦している。前もって米ぬかにEM菌を混ぜて、一か月嫌気発酵させたものを植え、代《しろ》を掻《か》くときに田んぼに撒いていく。これで雑草がはえないということだが、どうなることやら。

とにかく、早期米に比べ、二か月以上遅い普通作の田植えにはいろいろとメリットがあることに気が付いた。一つは、苗作りがとても楽になる。早期だと、苗をビニールハウスの中で育てないといけないが、普通作だと露地でよい。それに加え、にんにくや玉ねぎの収穫、夏野菜の準備など畑仕事が田植えの前にできるので、労働が分散化できる。

今年の米作りはどうなるか、これからの一か月で結果が出るだろう。

とにかく、毎日、田んぼに通って、早めの対策が必要だ。

苦労したことが無いのね

妻がインターネットで配信される講演会を聞いている。斉藤ひとりさんという実業家だそうだが、「いいこと言うのよ」と感心している。人が幸せになるためのヒントがあるという。

そんな話の中で「苦労したことが無いのね」と人から言われるようにしなさいという話があるそうだ。他人に対して愚痴や不平不満を言わず、いつも、どんなことがあってもニコニコしていなさい。そうすると良いことが次々と起こってくると言う。

私など、世界中の苦労を一人で背負っているかのように、「小麦つくりは大変だ」とか、「自然養鶏は大変だ」とか、「子育ては難しい」とか言っているが、それをやめなさいと言うのだ。

そんな苦労を一切外に出さないで、苦労を楽しみに変えていつも、ニコニコ。何かアクシデントがあった時にも「ついている!!」と事故を肯定的にとらえて乗り越えなさいと言う。

いやはや、参りました。でも、妻から言われるとそうかもしれないと素直に反省し、少しずつだが、ニコニコと毎日を暮せていけたらと思っている。

「笑う門には福来たる」と言われるように、苦渋の顔をしていても、何の良いこともない。ここはひとつ笑って、何があっても笑って、悲しい時も笑って、楽しく人生を生き抜きたい。

ジガバチ

舌耕《ぜっこう》

先日、鶏舎の横に建つ農作業小屋で片付けをしていると、一匹のジガバチに目が留まった。それは、黒に近い青紫のハチで、大きさは、三〜四センチメートル。ネットで調べるとヤマトルリジガバチが私の見たジガバチに似ているのだが、大きさが少し違うようにも思える。

さて、虫の名前は、いずれわかるとして、見入ってしまったのはその行動だった。垂直の壁を若いゴキブリを捕まえて登っているのだ。しかも良く見ると、ゴキブリは死んではいない、ただ、麻酔か何か、神経系を麻痺させられていて、ジガバチが前足で頭部をつかんで、引っ張るとそれに従って素直にゴキブリがついて行くのだ。まるで、牛の鼻緒をつかんで人が歩くように、ゴキブリが自分よりも小さなジガバチに連れられて歩く。

ジガバチが引くのをやめると、ゴキブリはその場でじっと動かない。その間にジガバチは、巣への移動経路を確認して、また、ゴキブリのところに戻り、前足を頭部にひっかけて引くとゴキブリがその通りに歩いていくのだ。

昆虫の神経系は人間とは異なり、頭、胸、腹と各部位で独立しているようだが、ジガバチはどのようなことをして、ゴキブリを狩り、しかもそれを生きたまま巣に移動させ、子供たちのエサとして貯蔵するのだろうか。その能力を目の前にして、只々、感嘆してしまった。

昔、「日本の話芸」というテレビ番組で小沢昭一さんが話芸について、短く語っているフレーズが妙に心に残っている。

講演などをするときに、いつも、思い出す言葉だ。ネットには小沢さんの言葉が紹介されていた。

「舌耕という言葉が昔からある。舌で耕すと書く。お百姓さんが、田んぼや畑を耕して作物を作るように、舌で耕す稼ぎのこと。舌でどこを耕すのか。人の心を耕すのです。

一言一言、人々の心の中を耕して、笑いと涙と、いえ、様々な感動の実りをもたらす。

時には、生きる喜びさえも。

そういう言葉一筋の話芸を、お百姓さんのあのコツコツとやる仕事になぞらえて、舌耕と言いました。日本の話芸はそういう舌耕の名手をお招きします。そして、その人の芸に触れたことが、その時代を生きた喜びとなるような、そういう話芸の名人をあなたの心の中に宿していただきたい」

お百姓さんは、コツコツと畑を耕し、土を豊かにして、実り多き大地にする。噺家さんは話でそれを聞く人たちの心を耕し、実り豊かにすると言う。

落語が好きな私にとっては、噺家さんの話芸には本当に感心してしまう。話一つ、舌先一つで、あらゆる場面が生き生きと展開して行き、笑いあり、涙あり、感動ありの体験をさせてもらう。

私も噺家さんの様に人の心を耕す話ができれば、とたわいのない夢を描きつつ、でもまずは、自分が感じたこと、考えたことをこの「いのちき」を通じて、皆さんにお伝えできればと思っている。

余談だが、筆で耕す「筆耕」という言葉もあるらしいが、こちらは原稿料を意味したり、執筆で生計を立てるといった意味のようだ。

やねだん

先日の七月下旬に鹿児島県鹿屋市柳谷集落の公民館長を務める豊重哲郎さんが延岡市に招かれ講演した。以前、「現代農業」（農文協）に「行政に頼らない地域づくり」と紹介されていたこともあり、一度お会いしたいと思っていた。

柳谷集落を「やねだん」と呼ぶらしいが、百二十世帯三百名程度の集落にかける豊重さんの篤い思いが伝わってきた。今年で二十一年目の館長歴だそうだが、はじめは地元の高校生に呼びかけて東京に野球観戦に行く資金を稼ぐサツマイモ作りから始めたらしい。三十アールのイモ畑を借りて、おじいさんに畝立てを依頼、おばあさんにイモ苗を無償で分けて頂き、地域ぐるみで高校生の活動を応援して、徐々に地域が一体として動くようになる。

域内にある養豚の悪臭を解消するために土着菌を発酵させた肥料を作る。地域の人の悩みを拾い上げ、それを地域が共有して解決していく。今では、土着菌を利用した肥料の生産販売をはじめとして、地域独自の芋焼酎の販売まで行い、なんと八十五歳以上のお年寄りには一万円のボーナスまで支給するという自治体になっている。現在、集落葬を行うことができるようにと公民館を拡張しているとの話には胸が熱くなった。私たち家族の住む集落もこんなふうになればと思う。

子育ては親育て

結婚して、間もなく十一年目となり、長男は十歳を迎える。グンと背丈が伸び、もうそろそろ独り立ちの時期になって行くのかなーとちょっぴりさびしい思いである。

そして、この秋、何がどう間違ったのか、百年以上も続く婦人雑誌「婦人之友」の読者の会・友の会から、子育てについて話をしてくれと依頼が舞い込んだ。

妻は二つ返事で承諾し、私に振ってきた。「何で、私が婦人の集まりで話をしないといけないんだ」と聞いても、にやにやしながら「まぁ、まぁ、御指名ですから……行って来てよ」と言葉を濁す。

子供は単独では存在しなくて、必ず、親が対になっている。当たり前であって、親は子があって初めて親になる。

子供が生まれる前までは、自分が果たして親と呼ばれるような存在なのか、実に怪しいものだと思っていた。しかし、子供が生まれるや否や、そんなことを言っている余裕はなくなる。

子供が生まれ、フッギャーフギャーと泣き出す。妻の乳はまだ出ない、赤ん坊もうまく吸うことができない、私はそばにいて只々、赤ん坊を抱いて、砂糖水を口に含ませ機嫌を取るしかない。一日二日と赤ん坊の体重が減って行く。ようやく、周囲の助産婦さんの指導でおっぱいを吸い始め、一安心、はじめのうんちは黒くて、おっぱいを飲みはじめたらきれいな黄色になることを知った。夫婦でボロボロになりながらの一週間だった。

妻の実家での産後の休養が終わると夫婦と赤ん坊の三人暮らしが始まる。

仕事から帰ってくると玄関先に妻が赤ん坊を抱いて待っていて、「後はよろしく」と子供を託された日もあった。布団からはい出ると笑い、ハイハイができると喜び、立った時にはどっちが先に見たかで自慢し合い、早く歩けるようにと歩行機を段ボールで自作した。

積み木遊びでは自分の背丈より高く積み木を積み上げる子供を見て「うちの子天才!!」と叫び。親バカの挙句の果ては、二歳児に私の耳掃除を任せて鼓膜を破られたこともあった。

今年の夏休みは二人の子供にバイトを提案した。夏休みの期間中、長男の広明にはヤギの面倒を見ること、次男の慧にはヒヨコの面倒を見ること、二人とも今のところ真面目に働いてくれている。働く子供たちを見ていると苦労を苦労ととらえず、楽しみの一つとして乗り越える力を持っているのに気が付く。これは子供の特徴であり、親として見ならうべきことだと思う。そうして、その力を伸ばし、たくましく生きて行ってほしいと思う。

いつまでも成長しない親だが、子供はぐんぐんと育ち、やがて、親元を離れてひとり立ちしていくだろう。父はその日を楽しみにしている。(妻と一緒に泣くだろうな……)

ちいさな一歩

かねてから、水と食料とエネルギーをできうる限り自分たちの手で得たいと考えていた。

郷里・宮崎に移り住み、まず井戸を掘った。水は細菌など全くない、きれいな水に恵まれた。夏は冷たく、冬は暖かい井戸水。この塩素を含まない天然水はビールづくりなどでそのうまさを発揮した。

藻や細菌の繁殖を抑える塩素、水道水を衛生的に保つには必要なのかもしれないが、人間の身体にとっては、毎日毎日、塩素を取り込むことに疑問が残る。

食料では、昨年は集落で一人となった早期水稲で、準備不足、資金不足で結果的に草に覆われ、大失敗をしてしまった。今年は普通作に切り替え、米ぬか除草を試みて、どうやら草を抑えることができ、今、穂が出始めている。まずまずの収穫になるのではないだろうか。また、昨年秋に撒いた小麦が実り、今年の春約百キログラムの小麦を収穫した。これを小麦粉にして、ホットケーキやクッキーを作った。自分たちで育てた小麦で作った小麦粉を手にした喜びはひとしおだった。

今年は、薄力粉に加え、パンも作れるように強力粉になる品種の小麦の種を取り寄せた。

小麦の生産は、田んぼに水を引くこともなく、気候さえ合えば栽培が楽なので、是非とも確保したい食料の一つだ。

そして、エネルギー。風呂は太陽光でお湯を沸かす太陽熱温水器があるので暖かい晴れた日は、薪を使う必要はない。しかし、雨の日などはやはり薪を使ってお風呂を沸かす。この直火炊きのお風呂(五右衛門風呂)の温かさを実感したら、病み付きになる。遠赤外線の作用なのか、湯船につかると身体の芯まであったまるのだ。薪は、自宅横の杉林を手入れした間伐材を子供たちと切り出して、庭先で割る。そして、一年乾燥させると出来上がる。そのほかにも、父が作った薪や建築廃材などを頂く。

薪はニワトリのエサとして魚などを煮炊きするのにも必要であり、薪ストーブにも欠かせない。

残りは電気だが、家を建てた時から、一キロワット程度の太陽光発電システムが欲しかった。当初三十万円程度だったが、年を経るにしたがって徐々に値上がりして今では三十五万円くらいかかる。しかし、その資金がない。

我が家は集落から離れた一軒家、いざ、停電となると井戸水をくみ上げるポンプも動かなくなり、水も使えなくなる可能性がある。

その事態を何とか回避したいと思い、カーバッテリーから百ボルトの交流電源が供給できるインバータを購入した。千五百ワットタイプで二万円、それにカーバッテリーが二千円、三十ワットの太陽パネルが五千円、しめて三万円弱の簡単な自家発電システムだ。これをキャスターが付いたプラスチックの衣装ケースに入れてどこへでも移動できるようにしている。

試してみると、これが意外と使える。木工作業用の電動鋸、自動かんな、グラインダーとこれまで、自宅のコンセントから延長コードを引っ張って使っていたものが、全て遜《そん》色なく使えるのだ。

災害などで、停電したときも、数日の間であれば、これで何とか、飲み水の確保はできるだろう。

恒久的なエネルギーの確保は経済的にまだまだ難しいが、これを応用して鶏小屋の電力も自給できないかと夢は膨らむ。小さな一歩が、明るい明日につながっている。

山歩き

昨年の夏休みは、息子たちと隣町の延岡市まで国道三八八号線二十キロメートルを五時間かけて歩いた。今年は、子供たちに九州本土で一番高い山、久住山・中岳（一、七九一メートル）に登ることを提案した。

前日の夜、夕食を済ませて車にテントを積み込み出発した。登山口の駐車場にテントを張り、親子三人で寝始めたが、夜にも関わらず次々と車がやってくる、午前二時には、団体を乗せたバスまでもが到着、おおきな声でしゃべり合う登山客とガイド、登山の前のストレッチ体操まではじめて去って行った。おそらく、山頂でご来光を見ることを企画した登山ツアーだろう。

牧ノ戸峠からの朝焼け

おかげで、かなりの睡眠不足の状態での山歩きとなった。

午前五時に起床、テントをたたんで朝食の準備。朝食は子供たちが楽しみにしていた、生まれて初めてのカップラーメン。牧ノ戸峠の登山口は標高一、三三〇メートルなのでカップ麺は気圧の低さでパンパンに膨らんでいた。お湯を沸かし、カップに注ぐと、楽しそうに百八十数えている。

朝焼けがきれいで、東にある由布岳がくっきり見える。

朝食を済まし、ザックの中身を確認したら出発。

沓掛山《くつかけやま》を越えると登山道脇にコケモモがかわいい赤い実をつけている。実はまだ熟してなく小さなリンゴの様な食感と甘酸っぱい味が口に広がる。私も結婚以来、十年以上御無沙汰していた九重に戻ってきたといった感慨に浸る。

久住別れを過ぎて、久住山山頂は目の前だが、足元のがれ場に子供たちもなれない様子。ようやく山頂に到着。寝不足なので、「これで帰ろう」と言い出すかなーと思っていたが、案外と元気なので当初の予定通り、中岳に登り、天狗ヶ城を経て、御池に下りる。「冬はこの池が凍るんだよ」というと、「ほんじゃ冬、また来よう」と言い出す始末。九重を気に入ってくれてありがとう。

昼には下山し、筋湯の打たせ湯に入浴。どっと勢いよく上から落ちるお湯に面白がっていたが、痛いのか、湯船で泳ぎ始めた。そして、お湯の後には牛乳と楽しみにしているとなんとあのおいしい地元のビン牛乳が無い。仕方なくパック牛乳を買い、長椅子に座って一気に飲み干した。

帰りは、牛肉でも食べようと計画したが、車を走らせると途端に二人とも眠り始めた。

久住山頂にて

無理もない、初めてのテントでの一泊で熟睡できず、早朝からの山歩きで疲れたのだろう。弱音を吐くこともなく、山歩きを楽しんだ子供たち、来年は、何処に行こうか。テントで寝ることを覚えたら、テントに水と食料があれば、何処でも行けることを知るだろう。そうして、山野を駆け巡り、大自然や宇宙と密接な関係を築いていってほしい。大自然に抱かれる安心感と神秘を見つめる目を持てば、どんな困難にも立ち向かえる勇気を持つだろう。今日の山歩きの様に、一歩、一歩と自分の人生を積み重ねて子供たちは大人になって行く。

樫の木の励まし

九月半ばに雑誌「婦人之友」の創業者、羽仁もと子の思想に賛同した女性たちが作った団体、全国友の会の九州部という会合で子育てについて話をした。

門司のホテルの会場に入ると用意された私の席は、お隣に息子が幼児生活団でお世話になった先生、その隣が自由学園の園長先生という並びに恐縮するばかりであった。

私の話をする時間となり、スライドプロジェクターに映る画像を頼りに、当園での子供たちの働きぶりを「親ばかモード全開」で紹介した。

話が終わると、さまざまな方から暖かいご感想を頂いたが、その中に「ご自身、愛情たっぷりと受けて育ったのですね」との言葉があった。

そうなのだ。私こそ「お宝」と言われ育ったのだ。

けれども、私も含めて、全ての命はこの大いなる宇宙に呼ばれて出現したのではと思う。そう思うことで様々な命の輝きが見えてくるのではないだろうか。

生まれて三日目にちょっとしたトラブルで母がショックを受け、母乳が出なくなり栄養失調状態となって育った私は三歳まで歩けなかったそうだ。今でも傍から見れば異常な人と見られるだろうが、そんなことを気にしていたら、とっくに自分自身の存在に押し潰されてしまうのではないだろうか。

その存在に押し潰されないため、存在は「宇宙からの愛の証し」と考えてはどうだろうか。

オーストリアの心理学者のアドラーが言った、「何を与えられたかではない、それをどう使うかだ」との言葉がよみがえってくる。

親兄弟、親戚、周りの方から降り注がれる愛を全身全霊で受け止め、生きる勇気に変えていくことが大切ではないだろうか。

樫の木など、照葉樹は薄暗い林の中で僅かな光を頼りに芽生え、光を求めて上へ上へとまっすぐに伸びていく。落葉樹や針葉樹などは、そのわずかな光では成長できない。

では、どうやって、僅かな光を受けてたくましく樫の木は育つのだろうか。それは、周りの樫の木の励ましがあるのではないかと私は思ってしまう。

また前述のアドラーは、今を生きる私たちは考え方次第で過去も未来も変えられるという。その本質が「目的論」だ。これまで私たちは「原因論」的考えが支配的だったが、これはAがあったからBになったという決定論になってしまい、Bの状態は過去のAを変えなければ変わらないことになってしまう。これをアドラーは否定する。

私たちは個々人の目的に応じて、事象の意味付けを変えていく。私たちが目にしている世界をどのように見るかは、私たち一人一人の「見方」に関わっているのだと言うのだ。

その見方によっては過去をも変えてしまえる。この考え方は仏教でいうところの「識」に通じるものがあると思う。

私たちがどのように世界を見、感じ、どう生きるかは、本人次第で変幻自在なのだ。

子供たちを励まし、「宇宙全体がお前の味方なんだ」ということを感じてほしい、その安心感を持つことで予測不可能な未来を生き抜く力に変えてほしいと思う。

「児童虐待」という言葉を耳にするようになった。全く、信じられないことだが、親が我が子をいじめ、殺すと言う。

子供は「授かりもの」であり、宇宙の宝なのだ。

二歳の働き者

二歳半の三男・正周は、いつも私と一緒にニワトリのエサやりについてくる。

帽子をかぶること、長靴をはくことは、今では何も言わなくてもできるようになっている。鶏舎に入ると何が嬉しいのか、ニワトリを捕まえたりして脅かす。ニワトリにとってはちょっと迷惑な存在だ。雄鶏は「すきあらば」と正周を狙っている。それを知ってか正周も雄鶏の動きには目を離さない。が、先日、ついに雄鶏から蹴られたらしく、泣きながら私に抱きついてきた。

エサやりが終わると刈払機（エンジンが付いた草刈り機）で畑の草を切り、ニワトリに緑餌を与える仕事に移る。刈払機で草を切っているとトコトコとレイキ（草を集める道具）を持って、正周が待っているのだ。エンジンを止めると、早速、草を集めてくれ、一輪車に乗せるのを手伝ってくれる。

何と働き者なのだろうか。まだ、しゃべることはしないが、私の言うことはすべてわかっている様子。「お前が保育園に行くと、私はこの仕事を一人でしないといけないなー」と言うと、ニコッと笑って家に帰って行く。

チェーンソーのおもちゃの次は、刈払機のおもちゃを作らなければと親バカは思案する。

米作り二〇一六

昨年の失敗から、今年は背水の陣といった気持で、米作りを行った。頼みの綱は「現代農業」に載った「米ぬか除草」。これが功を奏し、ようやく、実りの秋を迎えた。

ところが稲刈りの時期になると、台風や長雨、大雨と悪天続きで、田んぼの水が引かない、田んぼが乾かないといった日々が続いた。

七月いっぱい田んぼに入り、取ったはずの稗《ひえ》が稲の背丈をはるかに超えて、一面稗と化している田んぼも出てきた。

その稗を稲の背丈で刈取りながら、稲刈りのタイミングを探る。そして、コンバインを田んぼに入れて稲刈りが始まった。思った通り、田んぼはぬかるみ、コンバインの速度も落とし気味で収穫して行く。「秋の日はつるべ落とし」と言うがそれを実感する。

ヘッドライトを点灯させ、エンジン音と稲が脱穀される音に全神経を集中させて、暗闇の中、慎重にコンバインを操作する。

日没後の農作業は、真っ暗な田んぼの中で、ポツンと一台のコンバインが音を立てて、稲刈りをしている、何とも言えない不思議な感覚となる。

機械化、電子化が進み、将来、無人のトラクターとかコンバインが誰もいない田畑で動くのだろうか。農作業ロボットに農事をまかせて、自宅でくつろぐ農業経営の姿を想像すると違和感を感じるのはなぜだろうか。

やはり農作業は、いのちとしての農作物と向かい合う姿勢が大事ではないかと思う。できることなら、明るい日の中、家族みんなで楽しくやりたいものだ。

そして、ようやく、三反の田んぼの稲刈りを無事終えた。

これも、トラクター、田植え機、コンバイン、乾燥機を父から借りられるからできることだと改めて思う。

集落の水田面積は約二十ヘクタール、そのうち米の作付は三十アールと僅かしかない。

概算で七十トンの米の生産能力を持つ農地がありながら、その大半で米を作っていない現状を見ると、何か途方もない不安を感じる。

就農して四年目、ようやく、家族が一年間食べられる米を確保できた。福岡の妻の両親にも米を届けることができる。

乾燥して穀物櫃（木製の米貯蔵箱）にいっぱいになった米を自宅の循環式精米機で精米する。郊外にあるコイン精米所では数分で精米されるが、旧式の精米機なので十五キログラムの米を精米するのに一時間を要する。また、わら屑や小石などのごみは、自分の目で見て取り除かねばならない。

そんな新米をさっそく、試食すると、艶があり、モチモチとした食感で、涙が出るくらいにおいしかった。一キログラム五百円で販売している、良かったらご賞味頂きたい。

「米作りは数千年の歴史があるので簡単」と豪語していた自分が、ここまで梃《てこ》ずるとは思いもしなかった。米作りを続けて来られた先祖や先輩方、あらゆるものに感謝しこれからも米を作りたい。

勇気づけと勇気くじき

たまごを買って頂いているお客さんから心理学者のアドラーの本を頂いたので、興味を持ち読んでいるが、アドラーの子育てに関する本に「勇気づけ」と「勇気くじき」という言葉があった。

子育て（親子の関係）も含めて人間関係はすべて、上下関係ではなく横の関係が望ましく、アドラー心理学のポイントである「共同体感覚」を持ち、人と仲良く元気に生きて行けるための勇気を子供たちに持たせることが一番とアドラーは言う。このためにできること、それが子供への「勇気づけ」であり、真逆な行為が「勇気くじき」だと言う。アドラーの言葉に「愛」を感じる。

妻からは、「あなたは言う（書く）こととやることが違うから……」とだめだしを食らうのだが、恥ずかしながら、私も未熟な親であり、日々学んでいるのだ。その中で、良いと思ったものはできる限り取り入れたいと思う。結果的に行動が変わっていないかもしれないが、何とか修正したいと思っている。アドラーの言う「変わる勇気」を常に持ちたい。

だから、子供たちにも褒めるのではなく、叱るのではなく、「ありがとう」の言葉を贈りたい。

自分の人生は、自分でしか、切り開けない。子供の人生もそうであり、親は身近な隣人としての子の存在に感謝し、必要な時に助言するだけの存在でしかないのだ。

今年はくず米価格が去年の二倍以上

毎年、稲刈りが終わるころ、ニワトリの餌用のくず米を確保している。三百羽のニワトリを飼っていると一日に約四十キログラムのエサが必要となり、その大半がくず米なのだ。そのため、年間およそ四百袋十二トンのくず米を確保しなければならない。義兄や姉の知り合い、知人などから頂くくず米や古米がありがたい。

そんな中、今年のくず米価格は昨年の二・五倍との情報が入ってきて、びっくり仰天している。二割とか、三割の価格変動であれば、「仕方ない」と言えるが、二倍となると状況ががらりと変わる。なぜ、このように価格が激変するのか、いろいろと調べてみるが、全く理解できていない。

このようなことが続けば、当園は確実に経営危機に追い込まれる。

急遽《きょ》、農協にくず米の発注を変更し、数量ではなく、金額制限を申し出た。そんな高価な餌は買えないし、お金もない。となると今年のニワトリの餌の確保を他に求めなければならない。

とりあえず、昨年の備蓄が少しあるので、それを取り崩しながら、新たな餌を確保しなければならない。

そこで、またまた、不思議なことに気が付く。くず大豆もくず小麦も市場に出回るのは、年末に集中するとのことだ。卸業者の方の話だと、秋に米価が決まったのちに、小麦の価格も決まり、市場が動き出すらしい。

「米が無ければ麦を食え」といった感じで、麦は保存がきくので、春に収穫して、米がとれる秋まで各農家で備蓄しているのだろうか。

くず米は、食用米を収穫して籾摺《もみす》りをするときに米粒を選別する過程で出てくる。その量は収穫量の三パーセント程度だと言う。十二トンのくず米を得るためには、四百トンの米の収穫が必要で、その水田は、おおよそ百ヘクタールの面積が必要との計算になる。

集落全体の水田がよみがえると、当園のニワトリのエサも確保できるという感じだが、今のところ一パーセントの水田でしか、米作りは行われていない。

持続可能な自然養鶏の経営は、持続可能な地域づくりにつながるとの思いが、ますます強くなってきた。日々の生活の中での「あまりもの」をうまく循環させながら、安定的な経営に持ち込むには、地域全体がお金も物も思いもぐるぐる廻る循環型の社会であることが望ましいと思う。

そうして、地域全体が生き生きとした社会になれば、うれしい。

できちゃった！

子供ができたのではありませんので、ご心配なく。

今年は、いろんなものが「できた」年だった。

まずは、春に初めて小麦が収穫できた。福岡にいる時から、これまでも何度となく、小麦を撒いてきたが、収穫まで至らず、とれたとしてもそれを小麦粉にまでできなかった。それが、今年はコンバインで収穫し、庭に蓆《むしろ》を広げ、天日に干し、唐箕《とうみ》にかけて、約百キログラムの小麦がとれた。それを隣町の精米所にお願いして粉にしてもらった。

自分たちで種を蒔《ま》き、麦踏をし、刈り取った小麦が小麦粉に。さっそく、パンケーキやドーナツ、クッキー、お福分けと、百キログラムの小麦は、瞬く間になくなってしまった。

それから、キャベツも僅かだが、立派なものが農薬なしでできた。

秋には、待望の米が収穫できた。今年一年、家族が食べていけるのに十分な米が。こんなにうれしいことはない。そして、なんと、庭先に植えたイチジクの枝先に緑の実が付き、徐々に赤くなっている。クコにも赤い実が付き始めた。

いろんなことがあったけれど、できることが一つでもあると、元気が出る。

次の挑戦の勇気にもなる。

できないことを嘆くより、小さなことでもできたことを喜んで、「できちゃった!!」と叫んで、勇気と元気に変えて行こう。そうして、地域の勇気と元気に繋げて行けたらと思う。

「できちゃった」は宇宙のいろんな力が重なり合ってできている、そのことにまずは感謝しよう。

そうそう、我が家に遊びに来てくれた家族から「第二子の懐妊」のお知らせも届いた。自分のことのようにうれしい便りだった。来年もいっぱい「できちゃった」の年でありますように。

自然との語らいの中で生きる　二〇一七年

玄関先のちいさな世界

毎週、たまごを配達しているお宅の玄関の下駄箱の上に、小さな世界が広がっている。私はひそかに、それを拝見するのを楽しみにしている。

四季折々に、クリスマスやお正月、お雛様、秋には落ち葉の世界など、さまざまなテーマで小さな置物が所狭しと並ぶ素敵な世界で、思わず見とれてしまうのだ。

なんと素敵な玄関でのおもてなしなんだろうと感心してしまう。

こんな素敵な玄関だったら、福の神が喜んで入ってくるのではないだろうか。

あわただしい毎日の中で、玄関先に作り出されるおもてなしの心。

住む人も訪れる人も心を豊かにしてくれる空間の演出は素晴らしい。

と言っていると、息子（小2）が、折り紙でサンタクロースを折り、マジックで顔を描いたものを作り、その折り紙サンタが玄関先のカウンターの上にたくさん並びはじめた。

ピンクのサンタ、赤いサンタ、緑のサンタと色とりどりのサンタが並ぶ我が家の玄関も、見方によっては、なかなか、素敵な玄関となった。

クリスマスは、とっくに終わり、お正月の生け花が置かれる中、折り紙サンタがいつまで玄関を占領するか、父としてサンタの撤去を言い出すのがなかなか、できない……。

正月とサンタが並ぶ、何とも混沌とした玄関を、歳神様はどうご覧になるだろうか。

一人の正月

こちら（北浦）に引っ越して、ニワトリを飼いはじめると、家を空けることができない。

正月は毎年妻と子供たちは、福岡の妻の実家に帰省し、正月は私一人でニワトリとヤギの世話をすることにしている。

休みなく働く妻にとっては、唯一の休息の日となるので、私も快く送り出している。

畑から海が見える。リアス式海岸の岬が幾重にも連なり、遠く延岡、門川の岬までも見渡せる。この風景が私は好きだ。

我が家はちいさな家だが、一人っきりになると、何ともさびしいものだ。

普段はうるさいくらいの子供たちの騒ぐ声もなく、物音もしない。

静かに環境に浸っているとたちまち時間は過ぎていく、ハッと我にかえり、今日、やらなくてはならないことを思い出し、慌てて作業に取り掛かる。

畑から大根やカブや白菜を間引きして、鶏やヤギに与え、たまごを集めて重さを測り、たまごケースに入れて行く。夕方になれば、再び餌をやって、産卵箱を掃除して、ヤギを小屋に入れて、風呂を沸かす。夕焼けがきれいだ。

あっという間に一日が過ぎていく。たまには、映画でも見たいものだが、眠くて寝てしまう。夜中に物音で目をさまし、外に出ると空一面の星、オリオンの三つ星も輝いている。今年も無事、正月を迎えられたことに感謝し、ふたたび眠りにつく。

川辺川を守る県民の会・二十年

熊本県南部、九州山地から西へ、八代海に流れ込む急流・球磨川、その支流の一つに五木村から人吉盆地に流れこむのが川辺川だ。その川に巨大なダム建設の計画が持ち上がり、それを阻止し、清流川辺川を守ろうとできた市民団体がある。

「子守り唄の里・五木を育む清流川辺川を守る県民の会」という団体だ。

私も発足間も無い頃からこの団体に関わってきた。昨年暮れに二十周年の記念講演会が熊本市で行われた。参加したかったが、なかなか状況が許さない。後日、その総会での講演集が送られきたので、それを読んで総会に参加した気分を味わった。

懐かしい人々が、どうして巨大公共事業の川辺川ダム事業が止まったのかを、それぞれの思いをもとに話していた。

二十年前の当時は、ダムを受け入れる地元・五木村がダムを推進し、ダムの恩恵を受けるはずの下流・人吉や八代がダムに反対するというねじれ現象の現実を見ながら、巨大公共事業の功罪、日本社会の現状を考え、感じることができ、私の市民活動の出発点となった。

国土交通省を相手に、一歩も引かない草の根・市民の在り方に感動し、勇気をもらった。二〇〇九年（平成二十一年年）には、鳩山内閣が成立し、「コンクリートから人へ」と公共事業の在り方を大きく方向転換する提案がなされた。また、二〇〇六年には米軍は海兵隊をグアムに移転する計画を開始していたことを踏まえて、鳩山内閣もその方向性を探ったと思う。民主党・社民党・国民新党の非自民・非共産の連立政権が成立し、社会が大きく変わることを期待したのは私だけではなかったはずだ。

あれから、八年の時間が流れ、まるでオセロゲームの様に、鳩山内閣で打ち出された新たな社会制度が次々とひっくり返って行く思いをしている。

川辺川を守る県民の会の総会では、全国のダムで止まったのは、実は川辺川ダムだけで、まだまだ、無駄なダムを作り、税金を無駄に使い、流域住民を含め、市民を苦しめているのだと警鐘を鳴らす。

私たちは、時々刻々と変化する社会情勢を正確に見つめ、マスコミから流れる情報を鵜呑みにしないと同時に、草の根の市民の意見を反映する政治を取り戻す具体的な行動について、真剣に考えなければならない時に来ているような気がする。

昨年は、鹿児島県で反原発を公約に掲げた三反園さんが知事として選ばれた。それでも、川内原発はあっさりと再稼働されてしまった。これは、三反園さんをもってしても止められない状況だということを理解し、どうしたら原発を止められるのか知事として働きやすい環境を市民が作り出し、サポートする必要があるし、原発を止められない知事を責めても、次につながらないと思う。

川辺川ダムの時には、潮谷前知事と市民とのつながりがあり、また、知事も自民党の知事としての立場をわきまえて実にバランスよく、知事として十二分に活躍をして頂き、ダム事業の本質をあぶりだした「川辺川ダム住民討論集会」を開催したことが大きい。

私も第一回の討論集会に参加したが、ダム推進派が大挙して討論会を立ち去ろうとした時、知事自らマイクを持ち、討論会の必要性について知事としての立場を述べたのには感動した。

中立な立場という自民党推薦の知事としての立場を理解し、そこからできることを探る知事の判断力、さらにハンセン病や水俣病などに対する態度を見るにつけて、潮谷さんの人間性の高さに圧倒された。

知事一人の力には限界があり、いろんな方がどのように知事をサポートして、より良い社会を一緒に作って行くか、その環境こそが、地域の宝であり、力だと思う。

ミランコビッチ・サイクル

太陽の周りを一年かけて回っている地球。その周回軌道が約十万年周期で円から楕円、また円と変化を繰り返している。また、地球が自転している軸（地軸）が太陽の周りをまわっている周回面と傾きを持っているが、その傾きも四・一万年の周期で変化している。また、地球はコマのように歳差運動（すりこぎ運動）をしているので、これによっても自転軸が二万年前後の周期で変化している。これら、三つの要素が複雑に絡み合って、地球は太陽の周りをまわっている。その地球と太陽の関係が地球の気候変化に大きな影響を与えている。これは、今から百年近く前にセルビアの地球物理学者ミルティン・ミランコビッチがたてた地球の長期気候変動に対する仮説だが、現在でもその真価は変わっていないと思う。

南極大陸で日本がドームふじを作り、三十四万年分の堆積した氷をボーリングで掘りだし、分析した結果は、ダイナミックに変動する地球の気候変化の歴史だった。

地球温暖化とか、人間活動が環境に影響を及ぼす以前から、氷河期と気候の温暖な間氷期が繰り返されてきたことが明らかになっている。

そうして、いくつもの氷河期を乗り越えて、私たち生物も生き延びてきたのだ。

それと同時に、というか、最近、特に思うのは、ショウガやサツマイモはどうして生き延びたのだろうということだ。

霜に当たるとすぐに傷んでしまうこれらの野菜（植物）も、生命の歴史の中で、はるか昔に誕生し、幾度もの氷河期を乗り越えたのではないだろうか。

それとも、気候の温暖な間氷期になるたびに新たな種が生まれたのだろうか。

氷の張った水飲み場で、氷をくちばしで割り、水を飲んでいるニワトリたちを見ながら、恐竜の生き残りとして、現在を生きている鶏のたくましさを感じる。

「現代農業」という雑誌に、「凍結解凍覚醒技術」によって、日本でも露地でバナナをはじめとした熱帯の果物の栽培が可能となるという記事が紹介されていた。

耕作放棄地の広がる中で、新しい農業の在り方を模索しているものとしては吉報だ。

温暖な気候で日照時間の長い当地にはぴったりだと思い、早速、問い合わせたが、栽培地の土壌診断などいろいろと手続きが必要で、一般への普及には時間がかかりそうだ。

イノシシなどに食べられないとしてキャッサバの茎を取り寄せ、栽培をしたが、見事にイノシシに掘られ食べられてしまった。ウコンも五アールに幾日もかけて植えたが、鹿などが食べるのだろうか、いつの間にか消えてしまったようだ。

太陽と地球がめぐるなかでの僅かな変動が、地球の気象に大きく影響し、生き物の生き方まで変えていく。しかし、私たちの生命は、三十八億年の遥かな時を経て、脈々と生き続けていることを考えると、なんだか、そのすさまじさに圧倒させられる。

幾度も氷河期を生き延び火山の大噴火をものともしない生命が今、私たちに受け継がれているのだ。

しば刈り

昔話に「おじいさんは山にしば刈りに」というくだりがある。

「しばって何の木」と妻から聞かれ、雑木と言ってもいろんな種類があるからなーと「樫の木」と答えたら、「あんな大きな木を刈るの」とまた聞かれ、次の言葉が出なくなった。

柴は、枯れて落ちた枝なんだから、何でもいいんじゃない。枯れ枝集めは、チェーンソーもいらないし、鉈《なた》もいらない。タダで薪が集められる。と言いつつ、家の横の杉林に入り枯れて落ちた枝を集めて、魚を煮ていたら、妻がたくさんの杉枝を抱えて山から下りてきた。

「女はただというのに弱いのよ」「なんだか、しば刈り、楽しいね」とニコニコしている。

我が家では、五右衛門風呂と薪ストーブとニワトリの餌（おやつ）のための魚のアラを大きな鍋で煮炊きするのに薪は欠かせない。

その薪を確保するのが大変で、週末ごとに間伐した杉の丸太を山から下ろし、四十センチメートル位に切って、薪割りをして確保している。子供と私の仕事なのだが、道具もガソリンも電気もいらない、しば刈りは妻でもできる作業ということで気に入ったようだ。

「昔おじいさんが、今あやちゃんが山にしば刈りに行きました。ニコニコしながら、しばをわんさか持って下りてきました。燃料代はただ、森もきれいになる、いいことばかりのしば刈りでした」

幸せになる

妻からいつも、「そんなに眉間にしわを寄せては福の神が逃げてしまうよ」と言われる。

その通りなのだが、なにぶんにも修行の足りない私としては、反省するばかりだ。まぁ、自分のことでいっぱいいっぱいなのかもしれない。

どんなことがあっても怒らない。いつもニコニコ笑っていたら幸せが向こうからやってくる、と言われても、修羅の私の心には、なかなか届かない。

夕方、ニワトリに餌をやって、ヤギを小屋に入れて、夕日が西の山に傾くころ、ふとニワトリたちを見ると、頭のトサカが夕日に透けて紅に染まっている。夕日が彼女たちの命を輝かせているように見え実にきれいだ。

ニワトリたちもお腹いっぱい食べて、一羽、一羽と屋根裏の止まり木にねぐらを求めて上がって行く。何気ない一日が暮れて行く。

薪で沸かした風呂に子供たちと入る。泥だらけ、鼻水だらけの子供たちが、ピンク色の輝く肌になって風呂から出て行く。

何気ない一日だが、そこに幸せを感じる。何もいらない、何も求めない。そんな今を幸せに感じる心は、ようやく、少しだけゆとりができたからなのだろうか。

認知症が進む母は、息子である私への認識も怪しくなってきているようだ。

仏様に近づきつつある者からは、息子が訪ねようが、何処に誰がいるなど、現世の話など取るに足らないものになっているのかもしれない。

そんな母を見て、一日、一日、朗らかに暮らしていくことを祈るだけだ。

子育ても介護も夫婦生活も、只々、寄り添って生きること。それがあらゆる生き物に共通したあるべき姿なのだろう。

幸せとは何か、物でも、お金でもなく、只々、自分の心にゆったりとした時間と空間が存在するかどうかなのではないだろうか。

仏教では、愚痴を言うのは、心の問題と言う。いのちのつながりを見つめ、今を生きることに感謝する心を持てば、不平不満も自然と無くなるのだろう。

お風呂でミカン

我が家では、寒い冬の間、風呂場でミカンを食べている。

私の子供の頃からの習慣だったが、実家を離れ、アパート暮らしの間、その習慣は無くなっていた。

北浦に家を建て、五右衛門風呂を作ると、かつての習慣が復活した。

子供たちと一緒にお風呂にミカンを浮かべ、湯船につかって、ミカンを頬張るのだ。

水分補給とビタミン補給、そして、子供たちがゆっくりと湯船で温まるという効果が期待できる。

これで我が家は、風邪などひかない健康家族になれる。

もちろん、お風呂で食べるミカンはすべて頂きもので買ったことはない。

それに加え、今年は家の横の雑木に覆われたミカン畑を除伐した効果なのか、ミカンが豊作、さらに今年はサルの被害も少なかったので、ポンカンと八朔《はっさく》がいっぱい収穫できた。

ヤギもミカンを食べる。ニワトリは、輪切りにしなければ食べないのが難点。

だが、冬のビタミン補給には、もってこいの果実。

開放的な五右衛門風呂で、湯船につかりながらミカンを食べる習慣が、子供たちにはどのように映るのだろうか。

お風呂で飲食とは行儀が悪いと言われそうだが、私には理にかなった習慣の様に思える。

息子を信じなさい

小学校四年生になった長男が、何かにつけて、お手伝いをさぼるようになったので叱りつける。

すると泣きじゃくり、彼なりの理屈で自分を正当化しようと抵抗する。

その屁理屈に腹が立ち、わが子ながら呆れてしまう。

その様子を見て、妻が私に「あんたの子供でしょ。自分の息子を信じなさいよ」との一言。

いやはや、この一言には、参りました。

我が子を信じたいのだが、その一方で早めの軌道修正をとの気持ちがつのる。アドラーが言うように、子供の人生は子どもが自力で切り開くしかなく、親としては励まし見守るしかないのだ。

しかし、私の中では自分の子供時代の事と重ねて息子を見てしまい、軌道修正のために助言や小言となってしまうのだ。息子がより良い人生を歩んでほしいための助言だ。

息子の人生は息子のもの。一方で息子の幸せを望まない親などいない。

夫婦、親子の間で、より良い関係性を探りたいと思っている私にとって、「信じなさい」との言葉は、まさにその関係づくりの基礎を再確認させる言葉となった。

息子との心のキャッチボールがいつまで続くかわからない。

だけど、何があっても、私の息子だ、間違いない。私も私の人生を一歩一歩歩くから、その姿を見て育ってほしい。

良いことは習慣づける。悪いことはやめる。シンプルで当たり前のことなのだが、小言に聞こえるのはなぜだろう。しつけは一生の宝と思うのは私だけだろうか。

トリもいろいろ

今年は、当園でようやく、キャベツが収穫できるようになった。夏の終わりから準備して、半年かけて、ようやく収穫。キャベツたっぷりのお好み焼きにとんかつにとキャベツたっぷり料理の食卓に息子たちと一緒になって大喜びだ。と、収穫を待つキャベツ畑にカラスの姿が、なんと、キャベツを突《つつ》いて食べているのだ。これには、びっくり。突かれたキャベツは、ニワトリとヤギにとっては思わぬ御馳走だ。

三男がいたずらに本棚から一冊の本を持ち出してきた。「カモメのジョナサン」。崇高な孤高のカモメの物語だが、私はどうもカモメという鳥が好きになれないのだ。フェリーなどに乗るとカモメが寄ってきて、乗客が投げたスナック菓子などを器用に空中キャッチする。乗客にとっては愛嬌ある鳥と映るが、漁師町で育った私にとっては、カモメはずるがしこい鳥としか見えない。トンビなどが捕まえた魚を数羽がかりで奪い取ってしまうのだ。ゴイサギはまだ暗いうちからねぐらを飛び立って、夕方、暗くなってようやくねぐらに帰る勤勉な鳥と思う。

セキレイは、畑でトラクターが動き始めるとどこからともなく飛んできて、トラクターのエンジン音にも動じずに、耕した畑の土の中から虫をついばむ。

春になり、冬を日本で過ごした鳥が北に帰りはじめた。鳥インフルエンザのシーズンもそろそろ終わりかと思われる。

今年は、宮崎県でも二件の鳥インフルが発生し、何万羽という数のニワトリが殺処分された。

平成二十二年の宮崎県で発生した口蹄疫や日本各地での高病原性鳥インフルエンザの発生状況を踏まえて、平成二十三年から家畜伝染病予防法が改訂された。

病原菌の蔓延《まんえん》を防ぐ対策として、予防的殺処分が初めて導入されたのだ。

伝染病に感染もしくは感染の疑いのある家畜を強制的に殺処分という、皆殺しによって封じ込めようという考えだ。なんとも、家畜の生存権などみじんもない。そもそも、自然界のウィルスを封じ込めること自体不可能であり、とるべき手段としては、ウィルスに負けない健康な家畜と健全な飼育環境ではないだろうか。

と言いつつ、家畜保健衛生所の指導で毎週のごとく、鶏舎の周りに消毒用の石灰を撒いている自分に嫌気がさしてしまう。その一方で、新鮮な緑餌をたっぷりと食べ、大きな深緑色の糞をして砂浴びをしてゆったり暮らすニワトリたちを見て、心が穏やかになる。

農業は楽しく

四年に一度、雑誌『婦人之友』の愛読団体・友の会によって、「全国農村愛土生活研究会」が開催されているそうだが、今年は東京で開催され、妻が参加した。

確か、四年前には神戸で開催されて、その存在をこの「いのちき」でも以前お伝えした。

日本の農業人口はおおよそ二パーセントと言われている。友の会の会員で農業をされている人はその割合から言って少ないと思うが、その農業者を中心として全国から集まる会だそうだ。

会から帰ってきた妻が開口一番「農業は大変だ、大変だって、みんな言い過ぎ。そんなこと言っていたら誰も寄り付かなくなる」「自分たちで農業の楽しさ面白さを発信しなくっちゃ」とのこと。おっしゃる通り、わが松原農園の目指すところは「楽農《らくのう》」。

楽しくやっていたら、若者たちだって、おじさん、おばさんだって、「私も……」とやってくる。楽しくやっていたら、福の神も、お金だって、あっちからやってくる。

いのちき（生計をたてる）をする上での仕事につらいことはつきものであり、どんな仕事でもつらいことはあるのだ。農業だけが特別ではない。

農業は、食料生産と環境保全など、その社会的貢献度が大きいだけに、その一翼を担うものとして地域に根差し、消費者と共により良い社会の実現に努力したい。

ならい

郷里・北浦に引っ越して五年目となる。

生活は貧しいながら、親子で何とかやっていけている。これも当園のたまごをお買い上げ頂いている方や多くの方のご支援があればこそだ。本当に感謝の言葉もない。

こうして、徐々にではあるが地域とのつながりができつつある中で、地区の回覧板を配る係りの役が回ってきた。組長と言うものだ。

北浦町の市振地区は漁業を中心とした地区で、戸数は二百軒程度だろうか。これを十組に分けて、各組での回覧板や地域の配布ものなどを配ったり、区からのお知らせを伝えたりするのが役目だ。以前は、地区会費の徴収も任されていたようだが、現在は各戸で支払するように変更されている。期間は一年で、毎年回り持ちの役目だ。なんと、昭和十五年からその役を誰が行ったかが記された記録簿が残っている。昭和十五（一九四〇）年とは、紀元二千六百年の年に当たり軍事色が強くなった頃で、昭和十三年に国家総動員法が成立している。これに沿う形で、この名簿が作られたようだ。一九四〇年から七十七年間、戦中には祖父の名があり、戦後は父の名が三回出てくる。

区長（今は公民館長と呼ぶ）は二年に一度、区内での選挙で選ばれ、公民館長の自宅には、「市振区役場」の大きな木の看板が掲げられる。

毎年、旧暦の一月二十四日は、「身祈祷《みぎとう》」という市振区の安寧を神に祈る神事が地区の神社であり、そののち、地区の方々が一同に集まって酒盛りをすることになっている。「なおらい」公民館長は式典の冒頭にそういった。言葉の意味が分からず、帰宅後辞書で調べて納得した。

「なおらい」とは神事を終えた後、お神酒などを下ろして一同飲食する行事のことだそうだ。

まさに、身祈祷は区長をはじめ主だった人が神に地区の安寧を祈り、その後、地区の皆さんと共に、地区の安寧祈祷の神事が無事終ったことを告げ、宴会で地域の人々が一体化していくためのイベントなのだ。この行事は、なんと明治期から地区に百二十五年続くと言う。

これまで、地区の掃除くらいしか参加しなかったものとしては、こうやって地区の人々の心を一つに結びつけるしくみがあったことを知った。

先日は、初会と称した寄り合いがあり、組長として公民館長さん宅に伺うと、まずは「しらひげさん」と呼ばれるお面に拝礼してから会合が始まる。この行為によって、我を無くし、区民のために尽くす心が生まれるのではと思う。

長い時間をかけて、寄り添って助け合って生きてきた市振集落の生き方を垣間見た思いがする。

配られた地区の年間行事を見て、びっくり。そのほとんどが神事と言うか、地区にある祠、神社での地区の安寧を願う行為となっている。

民主的（？）な活動としては、春と夏の一斉清掃だけ、つまり、地区で取り組むべき課題とか、問題解決という項目は全くないのだ。

そのようなものは、行政（？）が行うということになっているのだろうかと首をかしげたくなる。

高齢化が進み、空家が目立つ現状の中で、どのような地域づくりができるのか考えたい。

自然食品

二年前のことだが、地元中学生の職場体験を我が農園も引き受け、一緒にたまごの配達を手伝ってもらった。その中で延岡市内の自然食品のお店に行った時の話だ。

お店の方が開口一番「私たちの食べ物はすべて自然からの恵みなのに、この頃は不自然な食品ばかりあるから、うちの様な不思議な看板がいるの」という意味の説明をされた。

中学生はもちろん、初めて聞く話の様子で、目を白黒させていた。

自然食品という言葉が示す、現代社会の矛盾を見事にお店の方が話してくれた。

その一方で、相変わらずに、マスコミなどでは、機能性食品が話題となっている。

この食品を食べるだけで、腰痛が治るとか、視力が回復するとか、肌が良くなるとか、さまざまだ。

しかし、私たちは日々「いのち」を頂いていることを忘れてはならないと思う。

この世に「不老不死の妙薬」などないのだ。また、薬で病気は治らないのだ。

その真実をしっかりと受け止めさえすれば、世界を見る目が変わってくると思う。

私たちは、三十八億年の永い時間をかけて、生き物として生き続けている。

その永い時間の中で、さまざまな生き物たちの共生関係が出来上がってきた。命と命が融合し、次の世代の命につなげていく。食べ食べられることによって命をつないできたのだ。

私たち人間もその一部であり、身体の外も口の中から腸の中まで、自分とは違う常在細菌で埋め尽くされている。腸の中では、細菌があることで栄養が分解・吸収されるのだ。私たちはこのように常に他の生き物によって、守られ、生きて行けるのだ。

だから、他の生き物を殺すことは、食べたり、利用したりする以外に行ってはいけないと思う。

水に塩素を入れると藻がはえない。すごく衛生的で便利なことに見えるが、藻も生えない様な水を毎日飲んでいて果たして身体に良いのだろうか。

自然の中で生かされている私たちは、自然とともに生きるしかないのではないだろうか。そんな中で食はいのちであり、いのちを頂き、いのちをつなぐことに感謝して生きるしかないと思う。

二〇一二年四月に開園して、五年目を迎えた。

今、家の前の畑は、黄色に菜の花が咲いている。遠くには海が見え、なかなか良い風景となっている。

三月半ばには、子やぎも生まれ、庭先や畑を駆け回る愛らしい姿が見られる。

小麦の穂も出そろって、後一か月もすれば、黄金色の麦畑の刈り入れがあるだろう。

この四年間、いろいろと試行錯誤の連続で、ようやく、ニワトリたちの鶏糞を畑に戻すことで、土が肥え、いろんな野菜ができるようになった。

無農薬、無化学肥料の栽培だ。

春となり、田んぼ仕事も間もなく始まる。

「人と自然の結びつき」をテーマにしている我が農園で、一緒に野菜作りをする人はいないだろうか。

今年は、大豆を栽培して、秋に収穫、冬に味噌作りを計画している。

ヤギの乳搾り体験もGWあたりからできそうだ。

杉の間伐材で「カホン」と呼ばれる楽器も作ってみた。木の太鼓といった感じだが、どうしても見た目は大きな巣箱に見えてしまう。菜の花の中で、カホンの演奏会などできないだろうか。

ひとつひとつ、楽しみながら、汗をかきながら、おいしいものを頂き、自然に抱かれていることを実感する。

そんなひと時を皆さんにも味わって頂きたいと思う。

松原農園は、これからも、多くの皆さんのご来園をお待ちしています。

食料確保

五月に入ると種もみを塩水につけて、比重の重い種だけを選び、パレットに種を蒔き、苗を育てる作業が始まる。

四月の終わりに、草が伸び始めた田んぼにトラクターを入れ荒起こしをした。

赤ん坊の時から私とトラクターに乗っている長男・広明（十歳）も、今年は一人でトラクターを運転するまでに成長した。

一人でトラクターを運転し田んぼを耕す少年の姿に、近くを通りかかった人も絶賛する。息子たちが三十キログラムの米袋を抱えられるようになったら、子育ても終わりかなーと思う。

その昔、私も小学生のころから、耕運機のロータリーカバーに乗り、左右のハンドルのクラッチ操作だけで田んぼの代掻《かき》をしていた。

今年も家族で六枚三十アールの田んぼで米作りを始める予定だ。

一年間に我が家で消費する米が約五百キログラム、三十アールでとれる標準収量は約一トン、安全率二倍の計算だ。農薬や化学肥料を使わない農法だから、収量は標準値には及ばない。

しかし、これで我が家の一年間で消費する米は、どうにか確保できると思っている。

地元の方から頂いた、大きな木製の米櫃の中から、毎月、モミの米を取り出し精米する。

冬には米櫃いっぱいだった米も半分くらいになった。ここに私たち家族が食べる一年分の米が入っているのだ。

平成五（一九九三）年の冷夏の年を覚えているだろうか。この年は東北では米が不作だった。政府は二百六十万トンの米の緊急輸入を発表し、タイからも米が輸入された。しかしそのタイでは米価が高騰し餓死者まで出る一方で、「タイ米はおいしくない」と不平を言い、米を捨てたりする混乱もあった。自国民だけでなく、他国の人までも餓死させてしまうあり方に憤った記憶がある。

食料の確保は国に頼るのではなく、個々人が自分の裁量で確保していくのが、悲しいかなもっとも現実的な国際平和貢献ではないかと思う。

そのためにも、家庭での年間の米の消費量を把握し、一年に一回しか取れない米をどのようにして確保するか、栽培委託でも契約栽培でも良いと思う。顔の見える人から買う米ほど、安心なものはないのではないだろうか。年間消費する米を栽培するのにどのくらいの労力が必要なのか、「買った方が安い」という言葉は、買えるだけの米が生産流通する社会であることが前提となることを忘れてはならない。

昨年の冬に播いた小麦は、春になり穂をだし、今月には収穫を迎える。秋の米の実りも春の麦秋の風景もそうだが、黄金に輝く田畑の風景は、なぜか心豊かになる。

昨年は百キログラムの小麦がとれたが、今年は作付面積を倍に増やした。

小麦粉への加工も精米所に依頼できる道が開けたので、自分たちで育てた小麦を口にできるのを楽しみにしている。

こうやって、少しずつでも、土を耕し、自然からの恵みを皆さんと分け合いながら生きたい。

「もったいない」の心を形に

当園では、ニワトリの餌にはくず米やくず大豆などを米ぬかと共にかき混ぜ、発酵させて与えている。その他に集落の畑から出る野菜くずをほぼ毎日頂いてニワトリに与えている。

地元でとれた魚を加工する工房からは魚のアラが出る。これを頂いて大きな釜で炊き、熱々の煮魚をおやつとしてニワトリに与えている。漁師町ならではの恵みだ。

ニワトリもヤギも集落の方々の野菜作りで出たもののおこぼれを頂き、命をつないでいる。

また、たまごのパックも一〇〇パーセント牛乳パックの廃品を再利用した紙パックを使っている。たまごを宅配するときの段ボールは地元スーパーの空箱を頂き、各地にお送りしている。

そのたまごの紙パックも何度も何度もお客さんとの間で使いまわされ、汚れたものは我が家でたまごの分別作業でまた利用されている。とことん使われてよれよれとなったパックは最後に煮炊きの燃料となってその役割をおえるのだ。

田舎では捨てるものなどなく、あるのはお菓子や食料品の包装容器がほとんどといった感がある。ごみの減量化、資源の有効活用といった、いわゆる「もったいない」の心が形となり、当園の経営そのものとなっている。

使われなくなった耕作放棄地もニワトリやヤギの糞を入れ、米や麦や野菜を作って、私たち家族の生活をより豊かなものとしてくれる。

鶏舎をかまえた土地も、以前は田んぼだった土地だが、サルやイノシシからの被害が大きくなり、耕作をあきらめて父がクヌギを植えた土地だ。そのクヌギを生かす形でクヌギの木陰に鶏舎を建てた。冬は日が入り、夏は木陰で涼しく、鶏たちにとっては快適な環境となっている。

家にしても、ジャングルみたいになって放置されていた土地を譲り受けて、太陽がいっぱいの明るい宅地に生まれ変わったのだ。

建築現場から連絡があり、端材を頂き、ストーブや魚の煮炊きに使う薪にする。人様が不要になったものを頂きながらの生活は、乞食かと誤解されがちである。

私自身、そのような考えが全くなかったわけではない。しかし、よくよく考えてみると、もったいないという言葉は、本当に資源を無駄にしない、人々の絆を大切にし、心や暮らしを豊かにする生き方なのだと痛感した。

毎日、毎日、畑の隅に要らなくなったキャベツの葉っぱや大根の葉、とうが立ったニンジンなどをきれいに並べて出してくれる地元の方の「もったいない」の心を、私は「ありがたい」と感謝しながら集めて回る。一方で、野菜くずを畑に残さないことが、カラスをはじめとした鳥獣害の被害を低減することにつながると思っている。

大量消費、大量廃棄のゆがんだ現代社会において「もったいない」という言葉は、貧乏な印象を与える言葉となりがちだが、本当は自らが切り開く「豊かな暮らし」への第一歩であると農園の暮らしを通じて確信している。

買わないとおきめなさい

結婚して間もなく、義理の母から羽仁もと子さんの著作集を妻が頂いた。

それをたまたま読んでいた時に、「買わないとおきめなさい」という言葉が飛び込んできた。

実に潔い言葉で、今でも、時々、この言葉が甦《よみがえ》るときがある。

人は、じっくりと考えて、物事を決断するように見えるが、実は初めに決断するという選択もあって、それはそれで、良いことではないかと思う。

始めに決断あり、その決断に沿って、物事を考えていくとまた、違ったものが見えてくる。

結婚や就職、転職など、人生の岐路に立つとき、人は当然、将来のことを熟慮して決める。

だが、一度決めたら、決める前までさかのぼらないことが大切だと思う。自分の決断を信じて、その道を必死になって歩いていくしかないのだ。

「買わない」と決めたらきっぱりとして、買わないのであれば求めないし、必要ならば他の物を流用したり、様々な工夫が生まれてくるだろう。

結婚以来、理髪店には一度も行っていない。私の髪はすべて妻が切っている。それは行かないと決めたからだ。決めると、どんな髪型になろうと楽しんでいる。そして頭がさっぱりしたら、ありがとうと妻に感謝する。子供たちも理髪店には行ったことがない。(長男は胎毛筆のために一回、行く)

初めは、はさみでチョキチョキやっていたが、電動バリカンを購入し、今では、男たち四名すべて電動バリカンのお世話になっている。月に一回、天気の良い日を選んで散髪をする。楽しいひと時だ。一つの決断から、こんなに楽しいひと時も生まれるのだ。

ダイコンはえらい！

自然養鶏には緑餌は欠かせない。毎日毎日、一輪車に山盛りの緑餌をニワトリたちに与えているが、あっという間に食べつくす。ヤギもお腹を空かせている。秋から春の間は、地元の方が大根の葉っぱやキャベツ、白菜の外葉を畑の脇に出してくれるので大助かりだ。

ニンジンは不思議なことにニワトリは食べない。ヨモギも食べないのでヤギが独占する。

春から秋にかけての夏場は、畑の畦《あぜ》の草を切って与える。カラムシ、地元ではポンポン草と言っている雑草はニワトリもヤギも大好物だ。昔はこの草の茎の繊維を取り出し紡《つむ》ぎ、着るものを織っていたとのことだ。

今年から「時無しダイコン」を畑で育てている。大根はニワトリもヤギも葉も根も食べる。ヤギに大根をやると、まず葉っぱを食べ、それから根っこを食べる。ニワトリには、根っこは二、三センチメートルに輪切りにして与えると皮だけ残して、なかをきれいに突いて食べる。もちろん葉っぱは大好きだ。さらに私たちも食べられる。ダイコン下ろしに、漬物に、味噌汁に入れてと、大活躍。

これまで冬にしかなかった大根が、今の時期に収穫できるのはとても魅力だ。

ニワトリ、ヤギ、そして私たち人間にも食べられる大根。夏以外の時期に収穫でき、しかも手間いらずの便利な野菜。ダイコンはえらい！

問題の根本は、私たちの生き方、暮らし方

一九九二年六月、ブラジルのリオデジャネイロで開かれた地球環境サミットで、十二歳のカナダの少女セヴァン・スズキが伝説的なスピーチを行った。

地球環境の悪化に対して、子供の目線で、何も解決しようとしない大人たちへむけての訴えには、私自身、スピーチを聞いて返す言葉が無かった。

そして、二〇一二年六月のリオ会議では、ウルグアイの大統領ホセ・ヒムカ氏が問題の本質をつく素晴らしいスピーチをしている。

今、両スピーチを読み返してみると、世界的に問題となっている環境問題は、実は私たち一人一人の生き方の問題であるという点を両者ともに的確に指摘しているのだ。

大量消費、大量廃棄社会であり、経済成長という名のお金膨張社会、拝金社会、その中で、幸せを見失っているのではないだろうか。

掃除機、洗濯機、冷蔵庫、自動車にコンビニと私たちの身の回りは明らかに便利になった。しかし、それによって、私たちの暮らしは楽しくなったのだろうか。

一番身近な子供を手がかかるからと言って保育園に預け、仕事をしてお金を得る。年老いた父母を

介護施設に入れて、その費用を賄うために働く、といったように何となく矛盾に満ちた暮らし方になっていないだろうか。

たとえば、育児が必要な幼児があるのだったら、両親は仕事を半分にして育児優先の生活をしても、経済的に負担にならないように社会が補う仕組みがあったらどうだろうか。

大学勤務時代に育児休暇という制度があった（今もおそらく存在すると思うが……）。子供が怪我や病気をした場合、親が看病する場合の特別休暇だ。一見、素晴らしい制度に見えるが、妻が怪我や病気をした場合、看病や育児が夫に集中することを考えて夫に休暇を出す制度の必要性を説いたが、勤務先の大学の人事課はなかなか首を縦に振らなかった。老人介護でも同様だった。

社会が発達して、効率化が優先されると、育児は育児の施設で専門家が、介護は介護の施設で、その専門家に委託するといったことが効率の良い方法と思われがちだ。

しかし、本当にそうだろうか。

子供にとっては、両親と一緒が一番心地よいのではないだろうか。

介護される方も、身近な方が一番、良いのではないだろうか。

効率ではなく、本人の幸福度を尺度とする生き方、社会に変わるべきではないだろうか。

私たちの社会は一人一人の意志によって形成されていると思う。現に福祉国家は実在している。

一人一人が社会がどうあるべきかを考え、効率ではなく、競争ではなく、幸せになるための社会づくりを追求していく、そんな生き方の革命が必要な気がしている。

メディアに振り回されるのではなく、自分の頭で考え行動することで自由を獲得し、人生を楽しむ。

そんな自由な生き方の集合体が新しい社会、より住みやすい社会を作って行く。

偶然であって、必然である

たまごを買って頂くお客様からいろんな物を頂くが、先日は一冊の本を頂いた。NHKの「一〇〇分で名著」の番組テキストで、三木清の『人生論ノート』という本を紹介する本だった。恥ずかしながら、三木清という哲学者が日本にいたことすら知らなかった。読んでみると同感することがたくさんあって、まさに今、この社会を見つめ、生き抜くためのヒントがあるように思えた。

「理想こそが現実を変える」その言葉通りだと思う。

理想主義を非難して、現実に追随しても何も変わらない。理想を目標にして現実を一歩でも良いから理想に近づける取り組みが必要だと思う。

この番組の解説者・岸見一郎さんは、三木清は理想主義者であり実践哲学者だという。

三木の文章が素晴らしい。幸福とは何かについても鋭い。ゲーテの言葉を引用して、自分自身を失わないことが幸福なのだと説いている。自分自身とは自分を形成する人格。

その人格を失わないとは何か、それが孤独なのだという。

孤独は大勢の人と人の間に存在する。孤独は主観的で、知性なのだと言う。

そして、その孤独を超えられるのは、自己の表現活動しかないと言うのだ。

ダム反対運動にしても、反原発運動にしても、個々人が社会に対してどう思うか、その思いを伝えあいながら草の根の市民運動が展開している。それは三木の言う孤独を超える、個々が自立した市民の連帯する理想社会のありようなのかもしれない。

全体主義とは正反対の一人一人が自立した人格であり、それを尊重することで真の幸福社会が実現される。

社会に怒り、人を憎まず、個々人が真の幸福を追求する社会に導きたいとの篤い思いが伝わる。

三木にもオーストリアの実践心理学者のアドラーにも、愛が感じられる。

人生論ノートの最後の章が「希望について」だった。

人生は希望だと言う。何が起こるか予測不可能な人生において、希望こそが生命の形成力、生き抜く力であり、決して失われることの無いものだと言う。

ハッとさせられる言葉が多い中で、死についての文中に、死は絶対的なものであり、過去も絶対的なもので、過去の歴史、史実をゆがめることは死をどう見るかということに関わっていると言う。

歴史を時の権力者が改竄《かいざん》する時、そこに隠された意図があり、警戒すべきだと言っているように聞こえた。戦中、戦後の言葉だが、現代社会にも当てはまることではないだろうか。

この宇宙はカオスの世界であり、短期予測可能、長期予測不可能な世界なのだ。

人生は偶然の積み重ねだと思う。しかし、人生を振り返ると、私自身の人生には、このいくつもの偶然は決して偶然ではなく、必然でしかないのだ。

アドラーの本を頂き、アドラーの実践心理学に触れ、また、こうして、三木清の本を頂くことも偶然であるが、私という人格・人生を形成するためには必然なのだ。

ひだりぃどん

「まんが日本昔ばなし」という番組が昔、あっていた。私は大好きで、いつも祖母と見ていた。四十年の歳月を経て、現在はその動画をインターネットで無料で観ることができる。これこそ「日本の宝だ」と私は思っていて、サイトを立ち上げた方に感謝して、ときどき子供たちと一緒に観ている。

その動画サイトはよく整備されていて、日本各地の話を県別にまとめていたり、話のジャンルごとに分けたりしていて、自分の興味のある話をすぐに観られるようになっている。

その中で、宮崎県の山間の話で「三合めし四合だご」という話がある。

ひだりぃどんという男がいて、「ひだりぃ」とは宮崎の言葉で「お腹がすいた」という意味の言葉だ。毎日、毎日「ひだりぃ」と言う男につけたあだ名が「ひだりぃどん」である。

米は作っても年貢としてとられてしまう。一度でいいから腹いっぱい飯を食いたいと考えた男がある年、山の中に隠し田をつくるのだ。隠し田は見つかれば打ち首だから、夜な夜な山に通い谷川の脇に石を積み水をため、小さな田んぼを作り、稲を植え草を取り、やがて稲がみのる。毎日毎日夜に山に出て行くひだりぃどんに村の人たちも気が付くが、見て見ぬふりをしていた。

そして稲を収穫して一升ほどの米が採れ、夜中に自宅で米を炊き、夢にまで見ていた腹いっぱいの飯を食べた。翌朝、隣の人が見に行くと笑った顔でこと切れていた。村人はひだりぃどんを隠し田のほとりに葬り、毎年この隠し田で米を作り、飯を炊き、ひだりぃどんの墓前に供えたという話だ。ニワトリの世話に追われながら一人、田んぼ仕事をしていると、ふとひだりぃどんのことが頭をよぎる。

夜な夜な人に隠れて田んぼを作り、腹いっぱいの飯を夢見て黙々と米作りをしたひだりぃどん。夢がかなった後も彼が作った隠し田では、村人たちが米づくりを引き継いだ。

私のお借りしている田んぼの米作り、この集落での米作りはこれから先も続いてほしい。ひだりぃどんは自主独立の精神を「ひだりぃ」という言葉に包み込んで、私たちに教えているように思える。

自然《いのち》との語らいの中で生きる

毎日のように、地元の方から魚のアラを頂き、大きな釜で炊き、ニワトリにおやつとして与えているが、先日、釣り針のついたままの魚のアラを頂いた。

鍋に火をかけて、その釣り針を取り除きながら、いろいろと考えた。

この魚（エソ）を釣り上げた漁師は、いちいち魚から釣り針を外すのは面倒だとテグスを切ってしまったようだ。魚を効率よく捕ることだけを考えて、切った方が得策だと思ったのだろうか。

加工のため、首を切られた魚の口に釣り針が付いたまま、目はしっかりと明いて私を見つめ何を訴えているのだろうか。（さかなは瞼があるのとないのがある）

山林では木材搬出する効率だけを考えて、山を削り、重機が通れる道を作り、皆伐する。

そこには、いのちとの向き合い方というもの自体が全く存在しないことに気が付く。

私たちの周りには命が満ち満ちているのだ。

その命を頂いて、私たちは日々生きている。漁業にしても林業にしても農業にしても、そのことを忘れてはいけないと思う。毎日の食事でも、私たちは命を頂いているのだ。だから、「頂きます」なのだ。


小五の息子が「神様なんか、本当はいないんだよね」と、夕食を食べながら、私に問いかけてきた。級友たちと話題になったことなのだろうか。

神様とか、仏様とか、そのほかいろんな物も見ようとする心が無ければ、全てが見えないんだ。いるか、いないか、すべては本人の気持ちの問題なのだ。

と父として精いっぱいの言葉で答えたのだが……ちょっと、息子にはピンとこなかったようだ。

兵役拒否とトルストイ

妻が「現代農業」という雑誌の記事を持ってきて、「この本が読みたい」とリクエストがあった。熊本県球磨郡水上村で農業をしながらトルストイの翻訳を手がけた北御門二郎さんのことを書いた本だった。北御門二郎って誰？　と思いながら注文した本が届き、手にすると驚きの連続だった。

一九一三（大正二）年に熊本県湯前で生まれ、熊本中学、五校、東大と進む。その間、トルストイの作品に出合い、その魅力にひかれ非暴力平和主義と魂の自由を求めることになる。東大の英文学科に入学するが二年で退学し、一九三六（昭和十一）年、単身で満州のハルビンにロシア語を学ぶために移住。一九三八（昭和十三）年、二十五歳の時に徴兵検査があり、「兵隊になり、人を殺すよりも、徴兵拒否して銃殺されることを望む」と検査拒否を試みるが、母親の説得により、出頭指定日に遅れて検査会場に出向く。兵役を拒否する旨を伝えたが、検査官から精神を病んでいるとみなされ、「兵役には無関係」との決定がなされる。

その後、湯山の山奥に移り住み農業をはじめ、ヨモさんという女性と結婚する。

戦時中は、「非国民、国賊」と陰口をたたかれ、村八分状態だったとのこと。

一九四五（昭和二十）年一月に役場から軍用飛行場を作るので勤労奉仕をするようにと命令があると「戦争に加担する一切の行為を拒否します」と手紙を書いたとのこと。

その手紙の中で、戦争はいかなる美名で飾っても罪悪であり、殺し合いを行うべきではない。殺されることは最悪でなくとも、殺すことは最悪であること。勤労奉仕を拒否することによる刑罰があるのならば、どんな刑罰でも受ける覚悟があると書いた。その手紙を受け取った村長は、村人たちへの影響を恐れて北御門さんの行為を不問にしたという。

その死をも恐れない態度の根底には、トルストイの崇高なる非暴力平和主義が受け継がれ、北御門さんを支えたのだろう。

トルストイの非暴力平和主義の思想は後に、インド独立の父マハトマ・ガンジーの「非暴力・不服従」の運動、アメリカのキング牧師、ダライ・ラマ十四世といった人々につながっていく。

戦後、平和憲法が出来上がったこと、第九条の戦争、武力の放棄については、「武力を持たない態度こそが絶対平和の理念であり、その精神こそが古今の賢者が命を賭けて説いてきたことだ」と語りかける。

「たとえ争いが起きても、決して暴力に訴えないぞという強い信念を持って問題にあたってください。皆さんが真の生き方を求める時、国も民族もなくなります。人間としての連帯があるのみです」との言葉には胸が熱くなる。

徴兵を拒否し、自給自足的な生活の中で、晴耕雨読の生活をして、トルストイを読み続け、五十歳を過ぎてからトルストイの翻訳を始める。

それは、これまで日本語に翻訳されたトルストイの作品に誤訳を発見したことがきっかけで、これではトルストイに申し訳ないとの思いと、自分の敬愛するトルストイの真の姿を広く知ってほしいとの思いからだったそうだ。

文豪・トルストイ、八十二歳で裕福な環境を捨て家出までして求めた精神を、今一度見直したい。

イワンのばか

北御門二郎さんが訳した本が読みたくて、早速、『イワンのばか』（あすなろ書房）を購入した。トルストイの作品で、以前よんだ記憶はあるのだが、今回は完全に違った。

素晴らしいの一言に尽きる。

ある裕福な百姓に三人の息子と娘がいました。軍人になったセミヨン、ほてい腹のタラス、バカのイワン、その妹でお嫁に行かない聾唖《ろうあ》のマラーニャ。

セミヨンは王様に仕え、戦争に行って高い地位と領地をもらい、貴族の娘と結婚します。

タラスは、町の商人のところに行って、しこたまお金を稼ぎ、商人の娘と結婚します。

イワンとマラーニャは家に残り、骨身を惜しまず働きました。

セミヨンとタラスが、親の財産を分けてくれるように頼むと、イワンは、「いいとも」と言って分けてやりました。

そこに老悪魔に指図された小悪魔が現れて、セミヨンとタラスを罠にはめ、二人は一文無しとなって、実家に逃げ帰ってきます。その兄たちをイワンは快く、受け入れます。

そして、小悪魔たちを捕まえたイワンは、どんな病気でも治す木の根と、麦わらを兵隊にする魔法と、樫の木の葉っぱを金貨にする魔法を手に入れます。

兄たちはその魔法で、イワンから兵隊と金貨をもらって、また戦争したり商売をしたりします。

ある日イワンは、王女さまが病気だと聞き、木の根を持っていこうとするのですが、玄関先に足の曲がった老婆が来たのでその木の根をやってしまい、両親からなじられます。仕方なく、イワンは手ぶらでお城に行くとなぜか王女の病気が治ってしまい、イワンは王女の婿になり、やがて王様になります。

ところが、王様になっても一向に気にせず、畑仕事を続けたので、バカ（働き者）だけが残る国となりました。すると今度は老悪魔が二兄を一文無しにして、イワンの元に逃げ帰らせましたがこれを快く引き受けます。そこに老悪魔が来て、イワンに「頭を使って」働くことを教えますが、イワンたち国中の者がその意味を理解できず「わしらは手や背中を使って働く」と言って老悪魔を相手にしません。そうしてイワンの国は、お金や軍事力に無縁で、全ての人が働き、分かち合う国になりました。

その国の慣わしでは、手のゴツゴツした人は食事のテーブルにつけるが、手にタコの無い人は、人の食べ残しを食べることになっている。ということで物語は終わっている。

皆が働き者で、みんなが寛大で、平和な社会がそこにあった。

母の介護

昭和九（一九三四）年生まれの母は、現在八十二歳。認知症が進み、在宅介護もままならず、グループホームに入所した。ところが、ここでも五分おきにはトイレや飴玉を求めたり、身体の痛みを訴えたりと施設の職員の手を煩わせているようだ。

息子である私との会話もままならない。もちろん、私に対する認識はあるようだが、数分前の会話の記憶がないのだから、同じことを繰り返すことになってしまう。

母の行動を見ていると、「さびしい」「苦しい」といった気持でいっぱいで、常にだれかの助けを求めているといった感じで、ゆったりとした時間を過ごすことができないようだ。

求めに応じようとしても、求めているものが瞬間瞬間で異なり、果たして何を真に求めているのかが理解できないのだ。

幼児の場合だと、眠い、空腹、排泄、居心地など、ある程度の条件を満たしてやれば、それで満足してすやすやと眠るのだが、そのような状態でもない。

これでは、施設の職員の負担が増えるばかりではと思っていた矢先に、施設から連絡があり、認知症の治療のための入院を進める話だった。

やはり、グループホームでの受け入れは限界にきているのだろう。母が安らぐことを祈るだけだ。

獣たちへの結界

鹿が夜な夜な家の庭先に現れ、庭木など丸坊主にしていく。今年は、田植え前の稲の苗を食べられてしまった。イノシシも一週間に数度、現れ、庭先や鶏舎の周りの土を掘り返し、でこぼこにしていく。この状況にたまりかねて、ついに、家の周りに電気柵を張り巡らすことにした。当然のことながら、我が家の入口も夕方から翌朝まで夜間は電気柵を設置することになり、車両を含めて人の行き来ができなくなる。

設置した当日の夜、一台の車が道を間違えて、我が家の庭先までやってきた。懐中電灯を持ち、早速、電柵を取り外すと、車を庭でUターンして帰って行った。

翌日の夜中には、鹿の蹄の音で目を覚まして庭に出ると、一頭の鹿がいた。家の裏の茶畑から入ってきたのだろう。逃げ去ろうとして電気柵を足にひっかけて電撃に驚き、引きちぎって逃げて行った。

佐賀県吉野ヶ里遺跡の環濠、住居の周りに濠と堅固な板塀で囲んでいる。何から何を守ったのか。「国」の文字の元となった囲い、中国・西安の城壁を見たことがある。驚くほど大きくて丈夫な城壁を前に、この壁を乗り越えて何を侵し、この壁で何を守ろうとしたのかを考えさせられた。

　鹿やイノシシには境など存在しない。行きたいところはどこでも行く、食べたいものは何でも食べる。そんな生き方には同情したいものの、彼らにもわかる「結界」はないものだろうか。

　人や車は自由に出入りでき、鹿やイノシシだけが出入りできない「界」の仕組みはないものかと思案は続く。

由布岳登山口にて

由布岳登山

　次男が小学校に入学して以来、毎年親子で、夏になると何かにチャレンジしている。一年目は隣の延岡市まで二十キロメートルの道のりを歩き、昨年は九州本土で一番高い山、久住山への登山。今年は大分県の由布岳（一、五八三メートル）への登山を計画した。

　梅雨明けの安定した天気の時期に夏山は登ろうと思っていたが、田んぼの草取りや稲刈りに追われ、なかなか時間がとれず、八月末となった。前日は久しぶりの夕焼けだったので、安心して朝四時に起きて由布岳に向かったが、大分市に入ったところで雲行きが怪しい。ラジオをつけると佐賀県や長崎県には雷雨注意報が出ていた。

そんなに天気は崩れないと判断し、予定通り登山口に車を停め、コッヘルでお湯を沸かし、朝食のカップめんを作って食べる。子供たちは、年に一度のこのカップめんが楽しみで山登りをしているのかと疑いたくなるような食べ方だ。

そして、いよいよ、歩きはじめる。山は雲に隠れ、山頂は見えない。草原を越え、林の中を歩き、ガレ場のジグザグ道を登っていくと、雲の切れ間から下界の湯布院の街並みが見渡せた。頂上直下の急勾配を登るころに雨が本格的に降ってきた。

ようやく、頂上の鞍に着くと山頂は目の前だ。クサリ場があり、登り方を説明して登って行くが長男が着いてこない。ずぶ濡れで寒くなったのか、「ここで待つ」と言う。次男と山頂を目指そうとしたが、一人残すのも危険と考え引き返した。雨と風が子供たちの体温を奪う。次男に雨具を着せ、秋に再挑戦することにして、寒い寒いと言いながら下りて行く。

湯布院の温泉に入り、冷えたからだを温めていると由布岳の雄大な姿が雲間から見えた。

つけものほーし

結婚する前は、一人でチマチマと白菜やきゅうりの浅漬けを作っていた。

結婚して、つけものが欲しいという要求に妻がいろいろと応えてくれている。

秋となり、ツクツクボウシの鳴き声を聞き、育児と秋の農作業で忙しく働く妻が、「我が家には、ツケモノホウシが鳴くのよね」と一言。夫婦で大笑いのひと時だった。

母が元気だった頃、ウリの粕漬けを作っていた。それが食べたくて、ヤサイウリ（白瓜）という品種の瓜を植えるのだが、なぜか育たない。

来年こそは、ウリを育てて、ウリの粕漬け（奈良漬）を食べたいものだ。

その前に、大根の種を蒔いて、大根のたくわんやはりはり漬け。白菜を育てて、白菜の浅漬け、それにショウガの漬物と考えただけでもうれしくなる。

黒ゴマを炒ったものをホワイトリカーにつけてゴマ酒。ニンニクと氷砂糖とホワイトリカーでニンニク酒。その他、医者殺しの別名を持つキランソウをつけた薬草酒なども体に良く、作り味わうことで生活の豊かさが広がって行く。

保存食の漬物も健康を維持し、食生活を豊かにするものだと思う。

木々から聞こえるツクツクボウシに負けないくらいに、「つけものほーし!!　つけものほーし!!」と今夜も一人鳴くのだ……。

養い、養われる

当園では養鶏を中心として、農薬や化学肥料に頼らない農業を行っている。

ニワトリを養うことを養鶏と呼び、豚を飼えば、養豚。魚を飼えば養魚と言う。近頃は養殖業と呼ぶ方が多くなって養魚という言葉は使わなくなっているようだ。牛の場合にも養牛とは言わない。

確かにニワトリを飼っているが、「養う」という感覚はない。

むしろ、私たち家族がニワトリから養われているという感覚だ。昼下がりなど、餌を食べて砂浴びや日向ぼっこをして、ゆったり過ごしているニワトリをしり目に汗だくになりながら働いていると、どう見てもニワトリから養ってもらっているというのが実状だと思う。

もちろん、経済的には、たまごを買って頂くお客様から私たち家族は養ってもらっているのだが……。

私たち家族には、養って頂いている方がいっぱいで、どっちを向いても感謝の一言だ。

それにしても、「養う」「養われる」とは、いったいどんな関係なのだろうか。

給料をもらって家族を養っているのだったら、「私が家族を養っている」と言えるだろうが、我家などは、新規就農した時点で小遣いも無し、ニワトリは育てているものの、私の物でもないし、冒頭に書いたようにニワトリから毎日、養われている状態なので、子供を養っているという感じもなく、只々、妻や子供に助けられて日々暮らしているのだ。

養鶏も養豚も、本質的には「ニワトリや豚から養われて生活をすること」を意味しているのではないだろうか。養い、養われるその共生関係の中で私たちは生きている。

月日は流れる

二枚の写真を張り付けた。

上の写真は就農前の二〇一〇年夏に私がコンバインを運転し稲刈りをしていて、その田んぼの畦《あぜ》に、

2010年8月、田んぼの脇に座る母と子どもたち

2017年10月、長男・広明（小五）の稲刈り

母と息子たちがちょこんと座っている姿を妻が撮影した写真だ。早期米の収穫は炎天下の夏に行われる。この時は母も元気で畦際の米などを刈り取っていた。

下の写真は、二〇一七年秋の写真だ。小学五年になった長男・広明がコンバインを運転して刈取っている。もちろん、始めの畔際の刈取りは私の方で行い比較的安全な真ん中の刈取りを息子にしてもらっている。今年は田植え前に代掻《かき》もトラクターを運転し、刈取りのコンバインも運転するというふうに子供たちも確実に成長している。

何よりも感心するのは、コンバインで収穫したコメが入った袋を、一人で車まで運べるような力が付いたことだ。

月日は確実に流れ、次の世代を担う子供たちが、着実に成長している。

同じ田んぼの米を食う

今年の米をお福分けしたところ、「おいしかった」「定期的に食べたい」と言うお客様ができた。六枚、三十アールの田んぼでとれた米を数家族で共有する。念願の米の共有が僅かだが実現したことは、大きな勇気と希望を私たち家族に与えてくれる。

私たち家族だけではなく、他の家族の糧（主食）を預かっているという緊張と安全安心を確保しながら、共に生きて行く関係が徐々に広がり、それが社会全体のセーフティーネットにも通じる存在になると確信している。

「同じ釜の飯を食う」ならぬ「同じ田んぼの米を食う」関係が広がって行くと、世の中良い方向に向かうのではないかと思う。

たまごもそのほとんどが予約販売で、産卵率が低下してご希望のたまごの数をそろえられなくなり、少ないたまごをお詫びしながら配達すると、「ニワトリさんに、頑張らなくて良いと伝えて下さい」と言葉をかけられ胸が熱くなる。

約二百家族のたまごをお預かりしているという責任が、緊張と感謝を醸し出し共存社会の一部を担う関係が、私たち家族の基盤となっている。

新規就農したときに、私たち家族と共に生きて行く共同体意識を持った人々のネットワークを構築することで、経営の安定化とよりよい農業生産の場の構築、ひいては豊かで安定した地域づくりの一翼を担うことを目標に掲げた。

就農した後、ＣＳＡ（Community Supported Agriculture）「地域に支えられた農業」という考えと活動を知ったが、私たちの農園が目指すところと方向的には同じだと感じた。まさに、「同じ田んぼの米を食う」仲間によって、お互いを支えあって生きるその社会には、競争も争いもなく、只々、感謝の言葉が行き交うだけだ。

作り手が見えない買い手としては、商品の形や見た目、価格がたよりとなる。不特定多数を相手に売るという現在の消費の流れでは、どうしてもそうならざるを得ないのではないだろうか。

それを逆に考えて、売る相手を限定して、作り手の気持ちや考え方を理解して頂ける方、その人だけに買ってもらうことを考えるのはどうだろうか。

同じたまごであれば、一個十円と五十円があれば、誰だって十円のたまごを取るに決まっている。十円のたまごを供給する養鶏屋さんは、少しでも安く届けたいとの思いでパックも安価なプラスチックを選択する。当園は社会のゴミを減らしたいとの思いで一個二十円もする紙製のパックを使う。しかし、そんな些細なことは、店頭でたまごを選ぶお客様にはうまく伝わらない。

地元スーパーで当園のたまごが選ばれる。しかも、賞味期限の短いものから買って頂くことも、当園をよく御存じで、当園を援助したいとのありがたい心が身に染みるのだ。

作り手と買い手が共に、より良い社会を作ることを目指して、作り、買う。

そんな社会を作りたい。理想郷は目の前だ。

卵白洗顔

世の中には「卵白洗顔」というものがあるらしい。

ネットで検索すると白河三來さんという方がアンチエイジング・コンシェルジュ（老化を防ぐ案内人）と銘打って、サイトを立ち上げている。

鶏卵の卵白を軽く泡立てて毎日洗顔する。それだけでお肌がしっとり、すべすべになるらしい。

白河さんは『卵白洗顔　1日15円＊魔法の美肌術』（双葉社）という本も出しているようだ。

早速、妻と私も試してみた。

市販の洗顔剤や化粧品には、いろんな化学物質が入れられているらしい。

それが肌荒れの原因となっているという、本末転倒な出来事も珍しくないらしい。

学校や病院には除菌剤などが入口にあるが、あまり除菌、殺菌を繰り返すと皮膚に共生する善玉菌まで失われ、かえって病気を助長するのではないかと思う。

私の方は手だけだが、それでも、かなりしっとり滑らかになった。これは効くだろうと感じた。

妻の方も、ほっぺたがしっとりしてきたとのことだ。

まぁ、我が家には、ヒビが入って売り物にならないたまごが出るのでそれを使える。

只、生ものなので、そのまま放置するととんでもないことになると想像できる。

毎日、使い切り、きちんと容器を洗浄する手間が大変かなーと思った。

卵白洗顔三日目、妻が「ほらほら、触ってみて」とほっぺたを出してきた。

夢を叶える宝地図

いきなり、妻からプリントを見せられた。「あなたもこれを作りなさい」と言うのだ。何事かと渡されたプリント見ると、「宝地図をつくろう」とのタイトル。

以前、企業で能力開発などの研修を受けたが、その手の手法を取り入れたものなのか、人生の目標を掲げて生きることによって、「夢」がかなうというふれこみのプリントだった。

しかし、言われてみれば、その指摘は正しくて、ただ日々の生活に追われていると、漠然とした目標を見失うものだ。

松原農園の五年後の姿を妻や子供たちに示すことで、家族が一致団結してその方向に向かう力が一つになるのではないかと思い、さっそく、「宝地図」を作ることにした。

タイトルは「目指すは楽農！　年収一千万円」

農業は楽しくなくっちゃと言っている、その言葉を初めに持ってきた。

「楽農」は私の造語だが、この言葉を広めたいとの気持ちもある。

年収一千万円とは大きく出た。これは、たまごや農産物の加工品などの売り上げを今より三倍に増やしたいとのことだ。年間売上であって、収益はそれから経費を引いた残りだ。

現実には、一日二百個のたまごで一万円の売り上げだが、エサとなるくず米が昨年から高騰し、今年の一日のエサ代が、三千円近くになってしまっている。だからといってこれ以上、たまごの価格をあげたくはない。それでもう少し、ニワトリの数を増やしたいと思っている。

農園内にヤギカフェを作って、自家製のたまごと小麦粉でお菓子を作り販売したい。

これを農園経営のもう一つの柱にしたいと思っている。

家族の楽しげな写真を地図の中心に貼り付け、目指すべき「夢」を、具体的な数字や言葉で書きまとめ、「宝地図」ができた。

夢がかなうかどうか、全くわからない。

けれど、目標があれば、それに向かって一歩ずつでも歩いていける。

焦らないことが大事だと思う。人生は「三歩あるいて二歩さがる」のだ。

七転び八起きとは

昔からの知人で、熊本の地で一人農業している方が、いろんな失敗や災害を乗り越えて生きている姿を綴りながら、「人生七転び八起きだね」とネットで呟いた。すると別の知人が、「七転び八起きなんてありえない」と反論した。「だって七回しか転んでいないのに、どうして、八回も起き上れるの？」と言うのだ。確かに言われてみれば論理的に矛盾している。

でも、はたと気が付いた。それは、初期条件の違いからくるのだと。

誰もが起きている状態から七回転ぶことを想像するが、初めに寝ている状態から起き上がることを考えると、七回起きて七回転んでまた、八回目に起き上がるということは論理的に可能だ。

人は初めは寝ているのだ。そして、起き上がることから始まるのだと、当たり前のことだけれどすごく感心した。何でもないことだけど、人は立ち上がるところから始まるということに気づき、なんだか勇気をもらった思いがした。

喪中はがき

十一月に入ると、知人、友人から「喪中につき、新年のあいさつを遠慮する」とのはがきが届く。不幸を知って、お悔やみの電話や手紙を慌てて書くことになってしまう。以前から気になっていたこと、それは「喪」という概念だ。

小学一年生の時、祖父が亡くなった。すると、いつも地元の神社の境内で遊んでいたのに、「お前は喪中だから神社の境内に入るな」と言われたことを今でも覚えている。

死を忌み嫌い、穢《けが》れとみなして、行動を慎むこと。それが「喪」なのだろうか。

仏教では、「喪」というものはない。

死は生の結果であり、生きとし生きるものすべては死すもの。

死は忌《い》み嫌うものではなく、只々、あらゆるものが流転し、変化する。無常の世界を感じ、明日は我が身と思い、日々を大切に生きることを私たちに教えてくれるのだ。

浄土真宗では、阿弥陀様の仏力によって、死即浄土に行けると説く。浄土に行き阿弥陀様と一緒になって衆生を救う仏力となって、現世を生きる私たちを見守り助けてくれている。

ウルトラマンではないが（ウルトラマンが真似をしたのだと思うが……）、光の国から私たちは生まれ、光の国に帰って行く。その光の国が阿弥陀さまがおられる仏国土なのだ。

阿弥陀は、アミダーバー（光）そのものなのだ。

死を忌み嫌うことは、よくよく考えるとちょっと悲しい社会ではないだろうか。

死を歓迎することはない、けれども、死を毛嫌いすることもないのだ。

死を絶対悪とみなすのは如何なものだろうか。

喪中は社会文化、社会習慣なのだとしたら、そろそろ、その習慣も社会の変化に伴い、変わって行くのではないかと思っている。生を愛おしみ、人々が日々、生き生きと生きられる社会。

無常の現世に、光り輝く命満ち満ちて、人々が慈悲の心に満ち満ちた時、仏国土となる。

キャラメルクリーム

たまごを買ってくれるお客さんから「保存食」を作る本を頂いた。

明治末期に生まれた著者が、戦前、戦中、戦後を通して家族のために作った和洋さまざまな保存食の作り方を書いた本だった。

その中に「キャラメルクリーム」というページがあり、妻が、「これだったら、私も作れるかも」と楽しげに見せてくれた。見ると、コンデンスミルクの缶詰を缶詰ごとお湯の入った鍋に入れて二時間ぐつぐつと煮るだけのものだった。

コンデンスミルクがキャラメルに？　にわかに信じられなかったが、お客様からわざわざコンデンデンスミルクの缶詰も頂いたので、私が作ることにした。

本の通り、二時間後、鍋から取り出し、冷ました缶詰を開けてみるとキャラメルクリームが出来上がっていた。早速、パンにつけるとこれがまた、おいしい。登山では非常食に持ち歩くコンデンスミルクが、こんなに簡単にキャラメルクリームになるとは驚いた。

その他にも、砂利（小石）で漬けるつけものやみそなど、昔の智慧が満載の貴重な本だった。そして作者のコメントが実にすばらしい。一家の家計を預かる主婦としては、一年間に消費する米の確保と保存管理、一か月分の食糧の備蓄は当たり前とあったことだ。

「近くのコンビニが我が家の冷蔵庫」と豪語する若い人が少なくない。便利快適を追い求め、目先のこと、自分のことしか見えなくなっていないだろうか。

今、日本の国全体がおかしくなっている中で、まずは、家庭から備蓄をしっかりとして、質素でも堅実な食生活を実現したいものだ。

たまごを産まない

当園のニワトリは、これまで三種類の品種を試している。ボリスブラウン、マース、もみじ、といずれも茶色い羽の赤玉のたまごを産む、平飼いに適した品種だ。三種ともそれぞれ違いがあるが、見た目には全く区別がつかないほど似ている。

今年の夏に入れたヒナが、年末となり、たまごを産みはじる予定日を過ぎても、まだ、産む気配がない。一番の違いは、雄がおとなしいのだ。

これまで入れたヒナは、皆雄の成長が早く、遅れて成熟する雌を待つといった感じの成長過程が見られた。

ところが、今回のヒナは、それがないのだ。

もしかして……と、悪い想像をするときりがないのでしないことにするが、いつまでもたまごを産まないのには、ちょっと困っている。

全体のたまごの生産量が落ちだした。いつもなら新しいニワトリが産みはじめて、その生産量の低下を補うようになるはずなのに、それができない状態が続いている。

妻はたまごの生産量の低下をお客様にお詫びし、この窮地に対して早期改善を私に求めてくる。そして、無為無策な私を呆れるように見つめ、「早く産んでよ」と若鳥に声をかける。

ようやく日産二百個体制ができたかと思いきや、思わぬところでその体制が早くも崩れ去った。

一日も早く、たまごを産んでくれと祈るしかない。

お客様にも大変申し訳ないが、ヒナがしっかりとしたたまごを産むためには、まずはしっかりとした身体を作らないといけない。その意味では、しっかりと育てているつもりなのだが、何がどうなっているのだろうか。

鶏舎では飼い主の気持ちなど全く気にかけず、若鳥は今日も、止まり木に止まって休んだり、のんびりと砂浴びをしている。

国・社会を変えるには　二〇一八年

ど根性ガエル

子供たちには、くだらないテレビを観せないことにしている。その代り、インターネットでの昔のアニメ番組などを観せている。もちろん、経済的に負担の少ない無料画像に限っての話だが、家族みんなで一つの物を観るということを大事にしていきたいとの思いからである。

その中で、子供たちが気に入っているのが「ど根性ガエル」というアニメ。

一九七二年にテレビ放映された昔のアニメで、カエルがシャツに張り付き平面ガエルとして生きて行くドタバタ劇だ。

「ど根性」「男の意地」「人情」とか、今では死語になっていそうな言葉でドラマは展開する。

ど根性などで頑張るように育っていない子供たちは、どのように受け取っているのだろうか。

「巨人の星」など、ど根性の塊みたいな教育で育った世代からしたら、今の子供たちの顎の細さには一抹の不安を覚える。

「獅子は我が子を千尋の谷に落とす」ということわざがあるが、そんな風に我が子を育てているだろうか。

世界情勢がどんなに変化しても、環境がどんなに変化しても、人を信じ、己を信じ、日々こつこつと明るく、努力を続けて、強く生きて行ける。そんなたくましい子供になってほしい。

「人の一生は重荷を負うて遠き道を行くがごとし。急ぐべからず」と徳川家康は言った。

平面ガエルのピョン吉のど根性と人情深い活躍に涙しつつ、半世紀前に作られたアニメを、子供たちと泣き笑いして観ていた。

朝は朝星、夜は夜星

年が改まり、二〇一八年となった。新規就農して今春で六年目となる。

振り返れば、いろんなことがあった五年で、あっという間の五年であった。

農作業をしていると、要領が悪くて時間がかかる。一方ではニワトリの世話もたまごの配達もとあれこれあって、どれから手を付けて良いのやらとドタバタとしていた。

そんなとき、夕暮れ迫る田んぼで一人仕事をしていると、地元の先輩が通りかかり「まなぶ、昔から百姓はな、朝は朝星、夜は夜星と言うてな。まぁ、がんばれ！」と笑いながら帰って行った。

その言葉をかみしめながら、田んぼ仕事を終えて、家路についた。

大学で勤めていた時よりも、労働時間としては、圧倒的に短くなっているはずだった。

それでも、思うような農事ができず、いつも、後手後手に回ってしまう。

一方で「目指すのは楽農」と豪語しながら、真逆な現実を、今年こそは創意工夫で何とか変えたいものだ。

季節の移り変わりを先読みし天候の変化を先読みし、ことにあたれば確実に農事の効率を上げられるはずだ。そんな気がする。

長時間労働から農民を解放し、楽農に導き、誰もが楽しく農業ができる社会を目指したい。

農業委員会奮闘記

昨年の夏から延岡市農業委員会の農地利用最適化推進委員という役に付いている。

戦後作られた農業委員会が平成二十七年の法改正によって、これまでの農地の移転・売買に関する許認可業務のほかに、農地利用の推進が新たに加わり、それを担うために新たに、農地利用最適化推進委員という役職を設けることになった。延岡市でもこの法改正に合わせて昨年夏から新体制の農業委員会に移行したのだ。

「荒れた農地をよみがえらせたい」と思っていた私としては、望んだ役職だった。

ところが、いざ農業委員会に参加してみるとびっくり、唖然とさせられることの連続で、何とも、どこから手を付けて良いものかと思案している。

荒廃農地の解消という大きな目標を掲げ、国は農地の八割を担い手や認定農業者に集約するという目標を掲げた。

戦後の農地解放によって、一人一人が農地を持ち、耕し、食料を生産していたことから一転して、再び、農地を集約しようと言うのだ。

滋賀県の農家などは、一家で百四十ヘクタールの田んぼで米を作っているそうだ。農地を集約して、果たして安心できる食糧生産ができるのだろうか。

世界では、国際的な大手農薬会社が中心となって、食糧の独占化、農業の独占化が続いている。それに細ぼそと有機農のグループが対抗している。

日本でも、小農学会が立ち上がり、国策としての集約大規模農業化に警鐘を鳴らしている。

年末となり、私もいろいろと考えて、農業委員会に三つの提案を提出した。

一、食育を普及し、食料生産の現場を市内の小中学生に体験させ、給食の食材の一部を自ら作るようにする。手始めとして、バケツ苗の栽培から始め、各学校で水田と畑を確保して米つくり、野菜作りなどを体験学習する。

二、兼業農家の普及推進。勤めながら農業を行いやすい環境を市が強力にサポートする。国策では専業農家が対象となっている。だが現実には多くの兼業農家が自ら田畑を耕し続けて現在の農山村が維持できている。次世代の農業も、勤めながら農業を続けるといったライフスタイルを続けられるように、地域がそれをサポートする。

三、田園都市としての延岡の地の利を生かし、住民が手軽に農的生活を楽しめるように農地を市民に開放し、農的生活市民を増やし、地域生活の豊かさを実感できる取り組みを推進する。

そのために、農業委員会としては「農援隊」を組織し、上記目標を多面的にサポートする。

さらに、農業委員会は生まれ変わったのだということを社会にアピールするために「新制・農業委員会の歌」をつくって、これを委員会全員で各地に出向き歌い、荒廃農地の解消を社会全体の将来に関わる問題と喚起し、その取り組みを通じて、豊かな地域社会を作って行く、との提案を五分という短い時間で行った。結果的には惨敗だった。あまりにも悔しいので、私が作詞した替え歌を披露する。鉄腕アトムの曲の替え歌だ。惨敗だったが、まだ、あきらめない。

やまを越えて　ラララ　たにを越えて　ゆくぞ　新制　農業委員会
ちいきのため　ラララ　みらいのため　みんなのちからで　まもるぞ農地

あれた農地　ラララ　よみがえらす　行くぞ　今日も　東に西に
未来みすえ　ラララ　食の基盤　先祖の心を　受け継ぐ我ら

農地守る　ラララ　ひとを守る　それが　過去と　未来をつなぐ
ここが好き　ラララ　ここで生きる　みんなであせかき　明るい未来

身体の反応

結婚して食生活ががらりと変化し、私の身体も変化している。

　また、新規就農し、それまでデスクワーク中心で、あまり身体を動かさない生活から毎日体を使う労働に替わると、途端に胃腸も活性化するのだろうか、便が違ってきた。

　このように、常に身体は無意識に反応しているのだ。

　ところが、独身時代などは、自分の身体の反応など考えることすらなかった。

　結婚して、風呂上りに身体をぼりぼりかいていると、妻が「石鹸で体を洗いすぎだからでしょう」「石鹸で洗うのをやめたら」との助言に従い、一週間やめてみた。

　すると、身体のかゆみが無くなり、いつの間にか、身体をかくこともなくなった。

　また、ホメオパシーという一ｐｐｍ（百万分の一）以下に希釈したエキスや砂糖玉を飲むことによって、取り込まれた極微量物質に身体が反応するというものも体験した。

　前にも書いたが、ある砂糖玉を、毎日一粒ずつ飲むだけで、なんとイボの薬「イボころり」でもナイフでも取れなかった指のイボが、浮き上がり取れてしまった。そして今何処にもその痕跡がないほどになっている。

　手に刺さったとげを押し出す働きを強める効果もあることが分かった。それもこれも、本来私たち人間の身体に備わっている、自然治癒力を高めるスイッチが入っただけのことらしいのだ。

　自ら意識して、スイッチが入れられるようになれば、仙人みたいになれるのだが……。

　また、ある整体家のところに行くと、ちょっと私の身体に触れただけで、私の身体が明らかに変化することも体験した。

　そのようなことを経験し、毎日飲み食いしている物、環境などが人体に影響を与えていることは明らかだと思う。

たとえば、ある特定の銘柄の焼酎を飲んだりある特定のインスタントのお茶漬けを食べると、利尿効果が現れるのを発見すると、その食品に何かが含まれているのではないかと疑いのまなざしとなる。その成分は決して毒ではないし、検出精度以下の微量成分で検出できないかもしれないが、再現性があるので何かがあるのだろうと考える。もちろん、私の体調の変化も要因の一つだが。

このように、私たちが毎日口にするものと、私たちの体調変化に注意深く目を向けると、意外と身体がさまざまなことを教えてくれるような気がする。

昨年末にデンマークの女子中学生たちがＷｉ－Ｆｉルーターがある部屋とない部屋でクレソンの種を皿に入れ、湿らせて発芽させる栽培実験を行った。結果、Ｗｉ－Ｆｉルーターがあり電磁波が出ている部屋のクレソンは発芽せず、ルーターの無い部屋のクレソンは正常に育ったそうだ。

この実験から彼女たちは、携帯電話やパソコンの電源を切り、寝室には置かないことにしたらしい。電磁波が人体に与える影響は、様々に言われているが、身体や植物は確かに反応している事実から目を背けるわけには行かないのではないだろうか。

無意識レベルでの身体の反応をくみ取ることは、意識領域と無意識領域の相互関係であり、仏教での「唯識」を連想させとてもワクワクする。広大に広がる唯識との繋がりを感じ生きたいものだ。

介護について

母の認知症が進み、グループホームでは他の入居者に迷惑がかかるようになったので、認知症の改善のため、日向市の病院に昨年の九月末から入院した。

グループホームでは、不安がつのり、大声で助けを求めていた症状が改善され、穏やかになった。私としては一週間に一度、日向市にたまごを配達し終わると、その病院に母を見舞うことしかできない。見舞いに行くと、母は「煮つけを作ったから持って帰れ」と言うのだ。

萎縮する脳の中で、母がどのような世界を生きているのか、私には想像できない。ただ、正月明けに子供たちを連れて行ったときは、孫効果なのかどこかでスイッチが入ったように回復するのだ。

介護施設から入居可能になった知らせが届き、早速入所の手続きを進めた。ところが介護施設の入居費が月額約十一万円と言う。母の年金支給額をはるかに上回る金額で、現在入院している病院の入院費用よりも高いのだ。幸いにも父が負担するということで入居が可能となったが、持続可能な経済状態とは言えない。なぜ、支払不可能な金額を請求するのだろうか。

老人介護、ワーキングプワーの問題など、人を人として尊重し弱者を救済しようとする仕組みがあまりにも欠如しているのではないだろうか。福祉国家・スェーデンなどでは、老後の心配も失業の心配もないと言う。所詮は人が作り出す社会のしくみなのだが、この差はどこから来るのだろうか。安心・安全の国づくり、地域づくりの方向に舵を切りたいものだ。

断水と漏水

正月が明けて、子供たちの冬休みも終わり、通常の生活が戻ってきたある日、突然夕方に水道の水が出なくなった。

我が家は二十七メートルの深井戸を掘り、そこから水をポンプでくみ上げている。そのポンプを見ると「渇水」のランプが点滅していた。ポンプメーカーのHPを見て、対処法を印刷して、ポンプをリセットしたり、呼び水を注《さ》して見たりしたが、水が上がってこない。

仕方がないので井戸を掘ってもらった会社に電話して、翌日、修理に来てくれることになった。

幸い我が家の屋根の上には太陽熱温水器があり、常に二百リットルの水が備蓄されていた。

夕食の食器洗いは、これを用いて行い、トイレの水は、風呂の残り湯を利用することにした。

翌日、昼過ぎに業者が来て、井戸の水位を確認すると十七メートルだった。懸念されていた井戸涸れではないことで一安心した。井戸に入っているパイプの水が落ちていることから、パイプ先端の逆止弁が壊れているか、ノズルが壊れているようで、二十七メートルの塩ビパイプを井戸から私も含めて四人がかりで引き揚げた。パイプの先端の交換部品はメーカーから明日届くということで、修理はまた一日延び、断水も二日になった。

翌日、部品を交換して、パイプを井戸に入れポンプを回したが、水が揚がらない。ポンプ本体をオーバーホールして、夕方、ようやく水が揚がってきた。二日間の断水からようやく解放された瞬間だった。改めて、水の大切さを思い知らされた二日間だった。

後日、会社から請求書が郵送された。その金額を見て目が点になった。私も含めて四人がかりで二十七メートルの塩ビ管を引きあげた作業で五万円とあった、数分の作業だったのだが。部品交換、ポンプの分解掃除など合わせて修理費は七万五千円だった。

水道が復活して間もなく、今度は妻が風呂場から叫び声。駆けつけてみると、太陽温水器の蛇口が付いていたパイプが折れて、水が噴き出していた。元栓を閉めて、屋根の上のたまった水がすべて出るまで待つしかない。

翌日、地元の金物屋でパイプを買って、自分で修理した。修理費用は二千円。

今年は、正月から水難続きであるが、お泊りのお客さんがいない時期でよかった。

国・社会を変えるには

一九六一年一月二十日、アメリカで第三十五代大統領としてジョン・F・ケネディが就任した。彼はその就任演説の中で、「市民の皆さん、国があなたのために何をしてくれるかではなく、あなたが国のために何ができるかを考えようではありませんか」と語った。

民主主義の基本的な市民としての態度、自立した市民が協力しあうことによってより良い社会を実現する姿勢をはっきりと的確に表現している。

国会議員を選び、県知事を選び、市長を選び、区長を選び、私たちはその選んだ人に社会づくりを託している。しかし、選ばれたリーダーの力にも限界があり、根本的には市民一人一人が日々の努力でより良い社会にしていくしかないと思う。

田中正造という人がいた。明治時代の国会議員で、足尾銅山の鉱毒事件を国会で取り上げ、その銅山の被害を世に問い、天皇にまで直訴した方だ。歴史を振り返れば、各地の公害問題や公共事業の問題、原発の問題など、精査すれば間違いなく、国は一貫して、企業に寄り添っていることがわかる。

近代日本社会の歴史を振り返れば、市民の犠牲を無視して、企業利益を優先させているのだ。

そんな歴史がありながら、まだ、「国が助けてくれる」とすがるのはなぜだろうか。

危険な原子力発電所を動かし、厄介な放射性廃棄物を増やし続けるのは、市民の安全より企業利益を優先する結果だと多くの人が理解しはじめている。

米軍基地があるがゆえに危険が常につきまとい、世界の平和貢献にも反する行為を続けるのはなぜかということも、世界を股にするグローバル企業の利益優先の犠牲だと理解している人々が増えている。

遺伝子組み換え作物によって、世界各地で何が起こっているか知っている人々が増えている。

わかったら、わかった者の定めとして、行動に移そう。小さな行動だ。

子供たちにも、本当に強くてかっこいい人は、困っている人や弱い人を助ける人だと説いている。

人は、一人では生きられない。だからこそ、一人一人が他者への尊敬と思いやりを持って、協力しながら生きて行こう。そうして、一人ひとりができることをできる範囲でコツコツとやることで社会は確実に変わって行く。

借金をしないで生きたい

改良普及センターという県の出先機関があり、農業全般の相談にのっている。

そこで新規就農者向けの営農「農業経営」についての講座があった。

その中でライフプランとか生涯設計とか言って、家族に子供が生まれて就学し、高校大学と進学する年代になると、生活費としていくら必要なのかといった家計から見た必要生活費が割り出され、その生活費を補うべく、貯蓄や農業収入を拡大しなければと指導される。

そのライフプランのシミュレーションで出た我が家の必要生活費の金額を見てびっくり、とても現状の経済力では、及びもしない金額だった。

このようなことを通じて、農業の経営規模の拡大と経営効率の向上を促すのだろうか。多くの施設農家は、県や国の助成を受けながら、多額な投資をして規模拡大を行っているのだろうか。

私としては、貯蓄も規模拡大も言われてすぐにできるものではないし、考えてもいない。

子供たちには悪いが、もし大学に行きたかったら自力で進学しろと言っている。返済義務のある奨学金などで子供たちに借金を負わせてまで大学に行かせるつもりもない。

日産二百個体制を確立したいと思い、鶏舎の増築を計画して資金をためたものの、ニワトリのエサとなるくず米が一昨年には高騰した。貯めた資金をエサの購入に使わざるを得なくなり、増築が一年間延期となり、今年の二月にようやく、新しい鶏舎が建った。

これで常時三百羽の親鳥を飼う三棟の鶏舎と次の世代を担う若鳥の鶏舎一棟の計四棟によって、通年日産二百個のたまごを確保する体制がようやく整った。

農業は、先がなかなか読めない。（農業に限ったことではないが……）読めないからこそ、予測不可能だからこそ、借金はしない、博打的な経営はしないと決めている。金を少しずつ貯めて、必要な投資を行うしかない。

我が農園では二千円の一輪車を買うところから始めた。草を切る刈払機も、はじめは中古で一万円の物を買った、そしてようやく五万円の新品の刈払機を購入することができた。

水田に水を引くエンジンポンプも貧乏人の悲しさで外国産の安いものを購入したが途中で故障し、その年の米の収穫をあきらめた。翌年、新たに国産の物を買い直して再出発した経緯がある。貯めたお金の使い方も真剣に検討しなくてはと、肝に銘じる出来事だった。

お金は「ありがとう」の気持ちの表れと言う。「ありがとう」の循環の中で生き続けたい。

雑用

「雑用ばかりで本業に腰を入れて取り組めない」といった愚痴を聞くと、いつも思うことがある。

それは、仕事において「雑用」というものはないということだ。

道具の片づけや清掃、整備など、しなくては安全で効率の良い仕事はできない。だから、その仕事は必要な仕事なのだ。

それを「雑用」という言葉で低く見るのは間違いだと思う。

必要なものは、必要なのだ。

眠りも安らぎも、食事も、だんらんも、人間として生き生きと生きる上には必要なのだ。

仕事・本業が優先だなんて、ちょっと、本末転倒しているのではと思う。

必要なことを必要な時間にこなしていく。そのためには、一つ一つの関係性を理解して、パズルを解くような気分で、仕事を片付けて行くしかない。

一つ片付けては自分をほめ、次の仕事に向かって勇気づけ、最後は感謝で一日が終わる。そんな充実した日々を送りたいものだ。

あとがき

二〇一三年三月から毎月、発行してきた「松原農園通信」が五年間で六十枚となったのを機に一冊の本にしたいと思った。

初めは自分で印刷して製本して配ることをイメージしていたが、「それではもったいない」と妻からの要求で横書きものを縦書きに直すと、またまた、欲が出てきて、恐る恐る、出版社に原稿を送り読んで頂いた。

多少の紆余曲折がありながら、見えざる手による助けもあり、本として出版できた。


田舎に行くと、そこは食料生産の場であり、人助けと物が行き交い、本当に地域の皆さんの助けが、直に生活に潤いと喜びをもたらすことを体験する。

私たちは、ずっと、繋がって生きているんだ。

言葉ではなく、日々の生活の中での感覚として、それがわかる暮らしがここにあった。

そして、これからも、あらゆるものに感謝しながら生きて行きたいと思う。

素敵な挿絵を描いてくれた妻・絢子さん、本当にありがとう。
三人の息子たちにも、感謝したい。

最後になりましたが、この本を出版するに当たり、石風社の福元さんには、大変お世話になりました。私のつたない文書に「出版社としての責任」と鋭く指摘され、勝手気ままに書いてきたことに、「ものを書くものとしての責任」の自覚を促して頂きました。
本当に、ありがとうございました。

二〇一九年十月

松原　学

松原農園のロゴマークについて

松原農園のロゴマークはとても賑やかです。

このマークは、妻が原案を描き、福岡市のデザイナー・松本悟さんにお願いしてきれいに仕上げて頂きました。真ん中に大きなお結びの木、これは人と人、人と自然を結びつける意味でお結び型の木です。その木には、ヤギやニワトリ、ひよこや子供たち、草や木、魚も描かれています。

まさに、生命の木です。

その木の中に、まつばらのうえんの文字があり、その文字の向こうに虹が架かっています。

過去と現在、現在と未来を結ぶ虹です。

このロゴマークが示すものが、私たち松原農園の目標です。

まつばら　まなぶ

1962年、宮崎県北浦町に生まれる。

1981年、宮崎県立延岡工業高校・電子科を卒業後、(株)東芝、県漁連、北浦漁協を経て、1984年、九州大学工学部・航空工学科に文部技官として就職。その間、環境保全市民グループ「環境共育を考える会」を主宰。2012年、九州大学を退職し、家族を連れ郷里・北浦町に移住。自然養鶏を中心として、体験学習、無農薬栽培の米、麦、野菜作りを営む。

著作　『うみがめレイチェル』(石風社・1999年)

いのちき　―松原農園だより―

二〇一九年十一月十五日初版第一刷発行

著　者　まつばらまなぶ
発行者　福　元　満　治
発行所　石　　風　　社
福岡市中央区渡辺通二―三―二十四
電　話　〇九二（七一四）四八三八
ＦＡＸ　〇九二（七二五）三四四〇
印刷製本　シナノパブリッシングプレス